Dr. Sonja Skof

Fit in der Schule

Konzentriert läuft's wie geschmiert

Bildnachweis:

iStockphoto: Cover (SteveStone); U2 (Milorad Zaric); U3 (Alexander Briel);
S. 3 oben, 78 (David Joyner); 3 unten, 63 (Kim Bunker); 31 (David T Gomez);
56 (red_frog); 64 (GelatoPlus); 94 (Samuel Chesterman); 104 (Roman Sigaev); 109 (Rick Hyman)
Dr. Sonja Skof: S. 3 mitte, 11, 27, 38, 40, 47, 55, 58, 69, 77, 84, 93, 99, 116
Atelier 21: Coverklappe vorne, S. 1, 18, 41, 71, 72, 79, 80, 87, 88, 111, 112, 123, Kopfzeile durchgehend

Folgende Abbildungen wurden uns mit freundlicher Genehmigung
des betreffenden Verlages zur Verfügung gestellt:
S. 20, 21, 42, 49, 50 aus: „Konzentration kinderleicht" 4. VS © J&V, Wien
S. 22, 33, 34, 110 aus: „Konzentration kinderleicht" 5./6. ASO © J&V, Wien
S. 48 aus: „Gittertiere 1" © SCHUBI Lernmedien AG, Schaffhausen

Impressum:

Autor: Dr. Sonja Skof
Lektorat: Mag. Eva Manhardt, Alexandra Edinger
Cover: www.atelier21.at
Graphische Gestaltung: Beatrix Kutschera,www.atelier21.at
Technische Betreuung: Johann Kutschera,www.atelier21.at
Druck: Theiss GmbH, A-9431 St. Stefan

www.kneippverlag.com

ISBN: 978-3-7088-0434-7

1. Auflage, August 2008, printed in Austria

Inhalt

Zum Geleit

„Fit in der Schule" – so lautet der Titel des vorliegenden Buches. „Fit sein in ..." oder „fit werden in ...", bei dieser Themenstellung fühlt sich der Trainer in mir – ich war mein halbes Berufsleben Leistungssporttrainer der Skilanglauf- und der Mountainbike-Nationalmannschaft – angesprochen und gefordert; „ ... in der Schule" fordert den Direktor in mir heraus – ich bin in meiner zweiten Berufshälfte Direktor am Bundesgymnasium Zehnergasse in Wiener Neustadt. In meiner Tätigkeit, den ich mit großem Respekt und mit höchster Achtung für meine SchülerInnen, LehrerInnen und Eltern wahrzunehmen versuche und den ich als Berufung mit großer Leidenschaft annehme, darf ich mir ein Stück der Arbeit mit und für die SchülerInnen mit der Autorin dieses Buches, Frau Dr. Sonja Skof, teilen. Sie hat als Schulpsychologin stets hörende Ohren, sehende Augen, stärkende Worte und helfende Hände für meine SchülerInnen. Sie nimmt psychologische Herausforderungen in der Schule an, zeigt Lösungswege und begleitet behutsam.

Dabei konnte die Autorin sehr viele Erfahrungen zu den psychischen Anforderungen in der Schule sammeln und genau diese Erfahrungen gibt sie in diesem Buch weiter. Darüber hinaus ist es ihr gelungen, die Erfahrungen mit theoretischen Erkenntnissen interessant und praxisnah zu verknüpfen. Damit finden die Leser im Buch nicht nur wirksame Anleitungen zum „Wissen wie" bezüglich der Steigerung der mentalen Fitness, sondern auch Hintergrundwissen zum „Wissen warum".

Können SchülerInnen von den Hochleistungssportlern etwas lernen? Ja, die Konzentration im Tun um ein festgelegtes Ziel zu erreichen. Der erste Schritt zum Erfolg kann allerdings erst gesetzt werden, wenn die Richtung des Weges klar ist. Dann kommt der Plan zum „Tun". Bei den Lernplänen sollen die SchülerInnen Hilfe bei den LehrerInnen und Eltern finden. Und dann kommt das Lernen, bei den Sportlern heißt es Trainieren. Jetzt geht es um Hinwendung und Fokussierung. Es geht darum, im Hier und Jetzt bei der Sache zu sein. Es geht darum, konzentriert zu sein.

Wie es gelingt, ganz bei der Sache zu sein, das sagt Ihnen die Autorin im vorliegenden Buch. „Konzentrationstraining" heißt das Schlagwort und im Buch wird es mit Leben gefüllt.

Liebe Leserin, lieber Leser, Sie halten ein Buch in der Hand, das SchülerInnen, LehrerInnen und Eltern viele wertvolle Hilfestellungen gibt, um fitter beim Konzentrieren zu werden. Allen wünsche ich konzentriertes Lesen, viel Freude beim Umsetzen des Gelesenen und viel Erfolg mit der neuen Fitness in der Schule.

Mag. Dr. Werner Schwarz
Schuldirektor und Sportwissenschafter

Ausgangspunkt: Liegt eine Aufmerksamkeitsstörung vor?

Max besucht die erste Klasse der Volksschule, nachdem er bereits ein Schuljahr in der Vorschulklasse verbracht hat. Er kommt mit seiner Mutter zur Schulpsychologin, da er wenig Ausdauer habe, außerdem unkonzentriert und sehr bewegungsunruhig zu Hause und in der Schule sei. Weiters erzählt die überforderte Mutter, ihr Sohn verhalte sich sehr eigenwillig, verweigere jede Mitarbeit und die häuslichen Übungen, wenn er nicht wolle und müde sei. An seiner Unordentlichkeit und Unaufmerksamkeit leiden die schulischen Leistungen. Die Klassenlehrerin würde sich auch sehr oft über das Verhalten ihres Sohnes im Klassenverband und bei der Leistungserbringung mündlich und schriftlich beschweren.

Woran erkennt man nun, ob ein auffälliges Verhalten vielleicht eine Störung der Aufmerksamkeit ist oder ob sich das Verhalten noch im Bereich der Altersnorm bewegt? Das Hauptmerkmal der Aufmerksamkeitsstörung ist ein durchgängiges Muster mangelnder Aufmerksamkeit, welches häufiger und schwerwiegender ist als bei Personen auf vergleichbarer Entwicklungsstufe. Der klinische Begriff der Aufmerksamkeitsstörung mit und ohne Hyperaktivität wurde 1980 von der American Association eingeführt und von den Europäern übernommen.

Für eine Diagnose müssen mindestens sechs der folgenden Symptome von Unaufmerksamkeit oder Hyperaktivität/Impulsivität über mindestens sechs Monate vorliegen.

DAS KIND

- wechselt rasch die Tätigkeiten.
- hat einen Mangel an Ausdauer bei konzentrierter Arbeit.
- verfügt über eine überschießende Aktivität.
- ist impulsiv.
- neigt zur Distanzstörung.
- zeigt einen Mangel an Vorsicht.
- zappelt häufig mit Händen und Füßen.
- steht in der Klasse unmotiviert auf.
- rutscht im Sitzen auf dem Sessel herum.
- redet häufig übermäßig viel.
- hat eine mangelnde Aufmerksamkeit.
- hört nicht zu.
- führt Anweisungen nicht vollständig durch.
- verliert häufig Gegenstände.
- ist bei Alltagstätigkeiten vergesslich.
- kann schwer warten, bis es an der Reihe ist; unterbricht häufig.

Diese Auffälligkeiten und Beeinträchtigungen

sollen in mindestens zwei Lebensbereichen (z.B. in der Schule, Familie etc.) schon vor dem siebenten Lebensjahr aufgetreten sein.

Überaus wichtig erscheint beim Zutreffen von oben genannten Punkten eine umfassende ärztliche und klinisch-psychologische Diagnostik. Die klinisch-psychologische Diagnostik umfasst Leistungs- und Persönlichkeitstests, Verhaltensbeobachtungen in der Schule durch die LehrerInnen, zu Hause durch die Eltern und in der Untersuchungssituation durch die Psychologin/den Psychologen. Eine erste Anlaufstelle im Schulbereich ist die Schulpsychologie-Bildungsberatung. Meist kommt der Kontakt mit der zuständigen Schulpsychologin/dem Schulpsychologen über die Schule auf Wunsch der Erziehungsberechtigten zustande. Dieser erfolgt über Anmeldung durch die Schule oder durch die Kindeseltern an der regionalen Schulpsychologischen Beratungsstelle (Bundesländerverzeichnis des Schulpsychologischen Dienstes in Österreich im Anhang).

Zur optimalen Vorbereitung auf den Termin bei der Schulpsychologin/beim Schulpsychologen sind folgende Punkte zu beachten:

- Machen Sie dem Kind/Jugendlichen keine unnötigen Ängste, sondern sagen Sie ihm/ihr, warum der Termin vereinbart wurde.
- Nehmen Sie Rücksicht auf den Gesundheitszustand des Kindes/des Jugendlichen und zwingen Sie ihn/sie nicht, bei Unwohlsein und Krankheit den Termin wahrzunehmen.
- Kommen Sie nicht zu spät und abgehetzt zum Termin, sondern planen Sie genug Spielraum ein.
- Wenn Ihr Kind eine Brille hat, dann bitte mitnehmen bzw. aufsetzen.
- Sprechen Sie – bei Bedarf – noch vorher telefonisch oder persönlich bei der Schulpsychologin vor und fragen Sie nach, ob etwas mitzubringen ist (z.B. Schulhefte).

Die Diagnostik

Neben einer umfassenden medizinischen Diagnostik durch Fachärzte für Kinder- und Jugendpsychiatrie und Psychotherapie ist eine klinisch-psychologische Diagnostik empfehlenswert. In die Differenzialdiagnose fließen die Ergebnisse der Leistungs- und Persönlichkeitstests und der Verhaltensbeobachtung in der Schule, im Klassenverband, in der Familie und während der Testsituation sowie die erhobenen anamnestischen Daten (= Angaben über Entwicklungsverlauf, Familiensituation, Sozialverhalten,...) ein. Entsprechende Verhaltensbeobachtungsbögen werden mit den Eltern und LehrerInnen besprochen und von ihnen ausgefüllt. Weiters kann auch ein „Diagnostisches Interview“ durchgeführt werden, um das Vorliegen von weiteren Störungen abzuklären.

In der (schul-)psychologischen Diagnostik werden standardisierte Intelligenz- und Leistungstests (z.B. Konzentrationstests) und Persönlichkeitstests (z.B. Fragebogen, Zeichentests) eingesetzt. Sind die schulischen Leistungen in Deutsch und Mathematik betroffen, werden Schulleistungstests oder schulische Leistungsproben durchgeführt und die Schulhefte angesehen. Für die Erhebung von Wahrnehmungsschwächen stehen den PsychologInnen und zertifizierten ExpertInnen auch nicht standardisierte Verfahren (z.B. „Verfahren zur Erfassung von Teilleistungsschwächen") zur Verfügung.

Die Behandlung

Nach der umfassenden psychologischen und medizinischen Diagnostik durch klinische PsychologInnen und FachärztInnen erfolgt die Erstellung eines Therapieplanes.

An der Schulpsychologischen Beratungsstelle kann in Einzelfällen ein Konzentrations- oder Aufmerksamkeitstraining durchgeführt werden. Weiters gibt es zahlreiche ausgebildete TherpeutInnen, Vereine und Institutionen, wo auch privat und unter Bezahlung Aufmerksamkeitstrainings durchgeführt werden können.

In das vorliegende Konzentrations- und Wahrnehmungstrainingsprogramm fließen praxiserprobte Elemente aus bereits vorhandenen Trainingsprogrammen ein (u.a. nach Krowatschek, Lauth/Schlottke und Jacobs/Petermann*).

Im Wahrnehmungsbereich wird das PC-Trainingsprogramm nach Prof. Dr. Peter Köhler (www.koehler-software.de) empfohlen. Es besteht aus Programmen zum Überprüfen und Trainieren von Kurzzeitgedächtnis und Konzentration (Kurzzeitgedächtnis oder Sieben Sachen), der visuellen und auditiven Ordnungsschwelle (Ordnungsschwelle oder Hase und Igel), der Raumorientierung und visuellen Wahrnehmung (Gleich oder ungleich?) und von Geometrie und Raumvorstellung (Die Geokiste). Das Programm eignet sich gut für Grundschulkinder.

Das nun vorliegende Trainingsprogramm wird als Grundgerüst gesehen. Die Orientierung erfolgt immer an den Bedürfnissen des Kindes, wobei fixe Bestandteile im Programm enthalten sein sollten. Dieses verhaltenstherapeutisch orientierte Grundgerüst setzt sich zusammen aus Aufmerksamkeits-, Wahrnehmungs-, Gedächtnis- und Entspannungstraining, Spielphasen, Belohnungselementen und freiwilligen Übungen während der Woche. An dieses Konzentrationstraining kann ein Lern- und Arbeitsstrategietraining angeschlossen werden. Dieses Lerncoaching ist besonders für SchülerInnen der Sekundarstufe hilfreich, da es hier oft zu großen Schwierigkeiten im Lern- und Arbeitsverhalten kommen kann (z.B. fehlende Planung, falsches Zeitmanagement).

Der Erfolg eines solchen Konzentrationstrainings

*Das Attentioner-Trainingsprogramm nach Jacobs/Petermann, 2008 umfasst neuropsychologische und verhaltenstherapeutische Techniken und kann als Gruppen- und Einzeltraining durchgeführt werden. Dieses Programm ist für die Altergruppe von sieben bis ungefähr 14 Jahren sehr gut geeignet.

ist bei nachfolgenden kindlichen Merkmalen gegeben:

- Leichte Ablenkbarkeit
- Wenig Zuversicht und Zutrauen
- Unselbständigkeit bei der Arbeit
- Benötigen von viel Zuwendung
- Rückstände in einem oder mehreren Bereichen (Sprache, Wahrnehmung, Konzentration, Motorik, Leistungsmotivation, ...)
- Vorliegen von Symptomen bzw. Anzeichen einer Aufmerksamkeitsstörung
- Schlechter Umgang mit Misserfolg
- Schulmüdigkeit

Wird die Aufmerksamkeitsstörung nicht behandelt, erfolgen sehr bald Leistungsschwierigkeiten sowie schlechte Noten und Beurteilungen in der Schule. Daraus können sich Verhaltensauffälligkeiten wie Anstrengungsvermeidungsverhalten, Schulunlust, Ängste, Depressionen, Aggressionen, Tic- und psychosomatische Störungen entwickeln. Die Aufmerksamkeitsstörung wirkt sich auf das ganze Leben des Kindes bzw. Jugendlichen aus!

Im familiären Bereich kommt es zu Spannungen, der Umgang zwischen Eltern und Kind wird häufig erheblich gestört. Die Eltern versuchen helfend einzugreifen – meist ohne Erfolg. So machte auch die Mutter von Max ihrem Sohn immer wieder Vorwürfe, dass er doch so intelligent sei, aber wenig bis mangelhafte schulische Leistungen erbringe.

So in ihrem Teufelskreis gefangene Kinder oder Jugendliche entwickeln dann nicht selten ein geringes Selbstwertgefühl und schwaches Selbstbewusstsein. Sie trauen sich nichts mehr zu und neigen zu negativen Selbstbeurteilungen (wie: „Das ist so schwer, das kann ich nicht, das will ich nicht." etc.). Viele Eltern berichten, dass ihr Kind stundenlang zu Hause gelernt und bei der Schularbeit oder Prüfung versagt bzw. alles vergessen habe („Blackout"). Eltern und auch LehrerInnen reagieren häufig mit noch mehr Druck, damit sich die Leistungen verbessern. Das Kind bzw. der Jugendliche fühlt sich unter Druck gesetzt und bricht zusammen und versagt weiterhin.

Je früher nun versucht wird, den Teufelskreis aufzubrechen, desto Erfolg versprechender ist das Ergebnis.

Ein Konzentrationstraining kann schon in der Volksschule/Grundschule – also mit fünf/sechs Jahren – beginnen und erstreckt sich bis elf/zwölf Jahre, also bis zum Einsetzen der Pubertät. Ab diesem Alter benötigen die Jugendlichen eine andere Motivation, wie ein so genanntes Strategie- oder ein Lerntraining. So profitieren sie besser davon.

Ziele eines Konzentrationstrainings für Kinder der Grundschule

Ein Konzentrationstraining von Grundschulkindern hat folgende Ziele:

- Durch das Erlernen der „Stopptechnik" soll das impulsive Kind zum Nachdenken, also zu einer Reaktionszeitverzögerung, gelangen.
- Die Selbststeuerung wird „vom lauten Denken zum inneren Sprechen" geübt. Damit werden die Aufmerksamkeit und die Selbstständigkeit des Kindes gefördert.
- Es wird ein reflexiver, also selbstbeobachtender, Arbeitsstil aufgebaut, der einem impulsiven Handeln Einhalt gebieten soll.
- Mit Hilfe eines Belohnungssystems soll die Motivation zum Lernen und Üben beim Kind gefördert und richtige Ergebnisse verstärkt werden. So soll auch das Selbstvertrauen in das eigene Können gestärkt werden.
- Weiters wird der Umgang mit Misserfolgen geübt und mehr Gelassenheit bei Fehlern zu erreichen versucht – Fehler sind erlaubt und aus den Fehlern kann gelernt werden. „Ich versuche Fehler zu verbessern!"
- Durch das Training ihres Kindes wird bei den Eltern eine Sensibilisierung und mehr Information und Verständnis für dessen Probleme erreicht.
- Auch die Eltern lernen mit und erfahren, wie sie ihrem Kind helfen und es richtig unterstützen und fördern können, z.B. mit Hilfe von häuslichen Übungen.
- So wird der Umgang zwischen Eltern und Kind positiv beeinflusst und verbessert!

Aufbau des Konzentrationstrainings

Das Training umfasst die Arbeit der Eltern mit dem Kind. Eltern können das Training bevorzugt unter Anleitung und Supervision einer Fachfrau/eines Fachmannes, z.B. Schulpsychologin/en, zu Hause durchführen. Das Training kann für Schulkinder als Einzel- oder Gruppentraining erfolgen. Wenn mit anderen Kindern geübt wird, kommt es zum Lernen am Modell, denn Kinder lernen voneinander. Weiters kann es auch motivierender sein miteinander zu lernen, zu üben und zu spielen. Die Kindergruppe spiegelt auch besser die Klassensituation wieder, wo es auch nicht immer ganz ruhig ist.

Wenn das Training durch eine Lehrkraft in der Schule oder privat durch eine geschulte Person

gruppenweise durchgeführt wird, ist die Elternarbeit in Form von Elternrunden und/oder -gesprächen sehr wichtig. Diese Gespräche mit den Eltern finden begleitend zum Training der Kinder statt. Weiters können diese Elternrunden auch der Information und des Erfahrungsaustausches untereinander dienen. Zusätzlich können auch Einzelgespräche mit den Eltern hilfreich sein.

Prinzipiell ist das hier vorgestellte Training aber so aufgebaut, dass es mühelos von Eltern zu Hause zusammen mit ihren Kindern durchgeführt werden kann.

Methoden des Konzentrationstrainings

Es werden verschiedenste Methoden und Übungen aus der Spielpädagogik (Begrüßungs-, Kennenlern-, Verabschiedungsspiele, Jonglieren mit Tüchern und Bällen), Verhaltenstherapie (z.B. kognitive Techniken wie Selbstinstruktionstraining, positive Verstärkung; Progressive Muskelrelaxation), Verhaltensmodifikation (z.B. Einsatz eines Belohnungssystems, Anwendung von Auszeit, Orientierung am Vorbildmodell), systemischen Therapie (Elternabende, Einbeziehung und Begleitung der Eltern, LehrerInnen, SchulpsychologIn), dem Autogenen Training und aus der Pädagogik und Psychologie eingesetzt. Mit unterschiedlichen Übungen werden auch die Feinmotorik, Wahrnehmung, Sprache, Denk- und Merkfähigkeit sowie das Gedächtnis trainiert.

In der Gruppe kommt es zu vielen Kontakt- und Interaktionsmöglichkeiten. Regeln können sehr gut trainiert werden! Bei einem Einzeltraining bzw. beim Üben zu Hause kann individuell auf das Kind und seine Bedürfnisse eingegangen werden.

Die einzelnen Elemente des Trainings

Stimmungsthermometer:

Am Beginn jeder Trainingsstunde werden die Stimmungslage und die Befindlichkeit des Kindes mittels Stimmungsthermometer erhoben (siehe dazu die erste Trainingsstunde bzw. die vordere Klappe des Buches). Das Kind kann mit Hilfe einer großen Büroklammer seine aktuelle Stimmung fixieren und über seine Befindlichkeit sprechen. Diese Übung kann auch am Ende jeder Übungsstunde wiederholt werden, um zu sehen, ob sich die Stimmung verbessert oder verschlechtert hat.

Entspannungsphase:

Hier werden Elemente des Autogenen Trainings der Grundstufe eingesetzt. Diese sind in eine Fantasiereise nach Australien eingebaut. Die Fantasiereise kann musikalisch, z.B. mit einer Entspannungsmusik, untermalt oder einfach nur erzählt werden. Das Kind liegt oder sitzt dabei bequem in einem Entspannungssessel oder auf einem normalen Stuhl. Dies führt dazu, dass das Kind den oft stressigen Schulalltag hinter sich lassen kann oder einfach abzuschalten

Fantasiereisen nach Australien dienen der Entspannung.

lernt. Weiters wird die Fantasie angeregt bzw. gefördert und das Selbstwertgefühl erhöht. Viele Lehrkräfte bauen erfolgreich Entspannungsübungen bereits in den Unterrichts- und Schulalltag ein. Vor allem im Turnunterricht oder beim Leistungssport können mentale Übungen sehr hilfreich sein. Aber auch vor Prüfungen und Schularbeiten wird z.B. durch die fortschreitende Muskelentspannung die Lerngeschwindigkeit beim Einprägen um rund 32 Prozent gesteigert.

Ist ein Kind weniger oder nicht fantasiebegabt, kann auch die „Progressive Muskelentspannung" (adaptiert für Kinder) eingesetzt werden. Hier werden einzelne Muskelgruppen zuerst nacheinander, dann auf einmal unter Anleitung kurz angespannt und wieder entspannt. So entsteht der Effekt der Muskelrelaxation (Muskelentspannung). Mehr darüber erfahren Sie dann in den einzelnen Trainingsstunden.

Übungsphase:

Im Anschluss an die Entspannungsphase und die Fragen dazu folgt eine Übungsphase, wo wahlweise zwischen Arbeits- und Übungsblättern zur Konzentration (z.B. Labyrinthe, Zahlenbilder), Wahrnehmungs- und Gedächtnisübungen am Computer (z.B. Wahrnehmungstraining nach Prof. Köhler oder Dr. Sindelar, Gehirnjogging nach Dr. Kawashimas) und Lernspielen (Konzentrations-, Wahrnehmungs- und Gedächtnisspielen) gewählt werden kann. Weiters werden verhaltenstherapeutische Elemente wie positive Selbstinstruktion und Stopptechnik eingesetzt.

Wer also über Computerprogramme mit Wahrnehmungs- und Gedächtnisübungen verfügt, kann diese hier in der Übungsphase einsetzen. Wer keine solchen Programme zu Hause hat, arbeitet einfach nur mit den Arbeits- und Übungsblättern. Einige wenige Lernspiele sind allerdings notwendig, dazu kommen wir später. Eine dementsprechende Empfehlungsliste finden Sie im Anhang. Vor jedem Spiel, jeder Übung, jedem Arbeitsblatt wird dem Kind genau erklärt, wie die Aufgabe zu lösen ist bzw. das Kind soll es selbst erkennen.

Belohnungsphase:

Nach der positiven Erledigung der Übungen werden die Belohnungspunkte vergeben und das Kind für seinen Einsatz gelobt (siehe dazu die erste Trainingsstunde bzw. Umschlag). Ein derartiges Belohnungssystem wird von den Kindern heiß geliebt. Wichtig ist dabei die genaue Information des Kindes über den Zweck und die Durchführung der Belohnung (siehe Vertrag zur Abmachung, erste Trainingsstunde). Weiters soll das Kind auch erfahren: „Wenn ich verhaltensmäßig einen schlechten Tag habe, keine Leistung erbringen kann, bekomme ich weniger oder keine Punkte." An jedem Trainingstag kann eine bestimmte Anzahl von Punkten erreicht werden. Die Punktevergabe erfolgt nach der Übungsphase. Immer wenn das Kind 10 Belohnungspunkte erreicht hat, kann es ein Geschenk aus der Schatzkiste wählen. In der Schatzkiste können sich kleine Matchboxautos, Dinge aus dem Setzkasten, aus Überraschungseiern, Spiele wie Quartette, Buntstifte, Malbücher, Pixibücher, Abziehbilder, Figuren etc. befinden.

Als eine verhaltenstherapeutische Maßnahme kann eine so genannte „Auszeit" von der Trainerin/dem Trainer bzw. den Eltern eingesetzt werden. Diese Methode wird angewendet, wenn das Kind seine Regeln trotz Aufforderung nicht einhalten will oder kann. Vor allem bei Wutanfällen und heftigen emotionalen und verbalen Reaktionen hat sich die Auszeit bewährt, da das Kind sich an einem bestimmten Ort (z.B. „Nachdenksessel") beruhigen und nachdenken kann. Weiters kann ein zweiter Sessel im Raum aufgestellt werden, der so genannte „Lösungssessel", auf den das Kind sich setzen kann, wenn ihm eine Lösung zu seinem Verhaltensproblem eingefallen ist. Bei der Vorbereitung der Auszeit sollten auch die Konsequenzen überlegt werden, die man anwenden möchte, wenn das Kind den Aufforderungen zum Üben nicht nachkommt (z.B. „Möchtest Du lieber mit jemand anderem üben?" „Möchtest Du es später noch einmal versuchen?"). Wichtig sind das Lob und die Freude darüber, wenn das Kind der Aufforderung zum Üben sofort nachkommt. Eine Auszeit sollte auch nicht ständig angewendet, sondern nur bei Verhaltensweisen des Kindes eingesetzt werden, die die Zusammenarbeit am meisten belasten. Dies kann sein, wenn das Kind seinen Willen aggressiv durchsetzen möchte.

Nicht nur Ihr Kind verdient nach einer Trainingsstunde eine Belohnung. Gönnen auch Sie sich etwas Gutes: einen Kaffee, ein Eis, ein warmes Bad, einen guten Film, ...

Erholungsphase:

Am Ende der Stunde kann das Kind nun in einer Erholungsphase bei einem selbst ausgewählten Spiel abschalten und entspannen. Eine Auswahl an verschiedensten Spielen findet sich im Anhang.

Sehr motivierte Kinder dürfen auch während der Woche zu Hause vertiefend weiterüben, wenn sie es wollen. Dazu erhalten sie weitere Übungshilfen. Beim schulischen Gruppentraining werden die „freiwilligen Hausaufgaben“ mit dem abholenden Elternteil besprochen. Auch wird dabei den Eltern über die Fortschritte, Therapiemotivation des Kindes etc. berichtet.

Dem Elternteil soll vor allem Positives über den Therapiefortschritt des Kindes erzählt werden. Wenn das Kind einmal nicht gut drauf war, dann sollte das nicht dramatisiert werden.

Welche Materialien benötige ich für das Konzentrationstraining?

Eine Standardausrüstung sieht wie folgt aus:

- 1 bis 2 Konzentrationsspiele (Simile Serie von Frühwirt, Differix oder Schau genau, Spieleliste siehe Anhang)
- für ältere Kinder ein Buch der Serie „Walter“ nach Handford (siehe Anhang)
- Büroklammer für das Stimmungsthermometer
- Arbeits- und Übungsblätter im Buch, Bleistift, Buntstifte, Radiergummi, Spitzer
- Wenn ein Computer vorhanden ist, ev. Wahrnehmungstraining nach Dr. Köhler oder Dr. Sindelar (siehe Anhang)
- Spielesammlung: je ein Wahrnehmungs-, Geschicklichkeits- und Gedächtnisspiel (z.B. Detektiv horch, Tricky Golf, Rush hour, Spieleliste siehe Anhang)
- Klebepunkte für das Belohnungsblatt
- Belohnungskiste („Schatzkiste“)

Anmerkung: Es ist nicht notwendig, sich die gesamte Ausrüstung zuzulegen. Die Mindestausrüstung umfasst jedoch neben dem Buch zumindest ein Konzentrationsspiel sowie ein Gedächtnis-, Wahrnehmungs- oder Geschicklichkeitsspiel, insgesamt also zwei Spiele. Sollte Ihr Kind in schulpsychologischer Betreuung sein, sprechen Sie sich mit der Schulpsychologin bzw. dem Schulpsychologen ab. Vielleicht können Sie sich das eine oder andere Spiel auch ausborgen oder gebraucht kaufen.

Auf einen Blick

Wie läuft eine Trainingsstunde ab?

Was Sie benötigen:

- Das Buch
- Bleistift, Buntstift, Radiergummi, Spitzer
- Büroklammer für das Stimmungsbarometer
- Je nach Trainingsstunde ein Konzentrationsspiel, Wahrnehmungs-, Geschicklichkeits- oder Gedächtnisspiel (Liste siehe Anhang)
- Materialien der jeweiligen Trainingsstunde

Vorbereitung:

- Lesen Sie rechtzeitig vor der Trainingsstunde die Anleitung durch und machen Sie sich mit dem Thema vertraut.
- Lesen Sie die Fantasiereise und schauen Sie sich die Arbeitsblätter und Übungen an.
- Legen Sie alle notwendigen Materialien bereit.

Ablauf:

- Ermitteln Sie die Stimmung Ihres Kindes mittels Stimmungsthermometer (Näheres siehe erste Trainingsstunde).
- Beginnen Sie dann mit der Entspannungsphase: Fantasiereise bzw. Progressive Muskelentspannung
- Führen Sie dann die Übungen durch und arbeiten Sie mit den Arbeitsblättern.
- Belohnen Sie Ihr Kind mit den Belohnungspunkten.
- Lassen Sie die Stunde mit der Erholungsphase ausklingen.

Allgemeines:

- Eine Trainingsstunde sollte maximal 60 Minuten dauern.
- Legen Sie am Ende der Trainingsstunde den Termin für die nächste fest bzw. erstellen Sie einen Trainingsplan. Planen Sie eine Stunde wöchentlich für das Konzentrationstraining ein und halten Sie sich an diese Termine.
- Bei Problemen und Fragen wenden Sie sich an die Schulpsychologin bzw. den Schulpsychologen.

Erste Trainingsstunde

Worum geht es?

Das Konzentrationstraining wird vorgestellt:

- Wir erfahren etwas über Konzentration.
- Wir schließen eine Abmachung.
- Wir lernen das Belohnungssystem kennen.
- Es gibt auch schon die ersten Übungsblätter.

Was brauchen wir?

- Die Texte und Übungen der ersten Trainingsstunde
- Die Abmachung zum Konzentrationstraining (siehe S. 19)
- Das Belohnungsblatt (siehe S. 12 sowie Umschlag) und Klebepunkte
- Buntstifte und/oder Filzstifte
- 1 Konzentrationsspiel (z.B. aus der Simile Serie),
- 1 Wahrnehmungs-, Geschicklichkeits- oder Gedächtnisspiel (z.B. Tricky Golf für Grundschulkinder, Heft aus der „Walter"-Serie ab 10 Jahren) – Spieleliste siehe Anhang

Ablauf der ersten Trainingsstunde	Was brauche ich?
1. Führen Sie Ihr Kind in das Thema ein: Lesen Sie die Geschichten von Mario bzw. von Sonja vor. Sprechen Sie danach mit Ihrem Kind über die Geschichte („Was denkst du über Mario?“, „Warum ist Sonja unaufmerksam?“ etc.)	Geschichten S. 17 und 18
2. Vorstellung des Trainingsprogrammes und -ablaufs: Treffen Sie die Abmachung zum Konzentrationstraining, füllen Sie den Vertrag aus und unterschreiben Sie ihn. Lesen Sie Ihrem Kind vor, worum es beim Konzentrationstraining geht. Sehen Sie sich gemeinsam das Belohnungsblatt an.	Abmachung zum Konzentrationstraining S. 19 Belohnungsblatt (Umschlag)
3. Übungsphase: Erstes Übungsblatt „Maus und Käse“ und zweites Übungsblatt „Labyrinth“ Lassen Sie Ihr Kind zunächst erzählen, was es sehen kann. Besprechen Sie dann die Aufgabe. Hier geht es um das genaue Hinsehen und Sich-Konzentrieren. Bearbeiten des dritten Übungsblattes bei Bedarf (auch als freiwillige Hausaufgabe möglich). Wahlweise kann jetzt auch mit einem Konzentrationsspiel gearbeitet werden (eine leichte Aufgabe wählen).	Übungsblatt 1, S. 20 Übungsblatt 2, S. 21 Übungsblatt 3 oder Konzentrationsspiel (z. B. Simile Serie, Schau genau, Differix)
4. Belohnungsphase: Das Kind erhält seine Belohnung: Für jedes richtige Übungsblatt bzw. gelöste Aufgabe wird 1 Punkt auf das Belohnungsblatt geklebt.	Belohnungsblatt (Umschlag) Klebepunkte
5. Erholungsphase: Das Kind kann nun ein Wahrnehmungs-, Geschicklichkeits- oder Gedächtnisspiel wählen	Wahrnehmungs-, Geschicklichkeits- oder Gedächtnisspiel (z.B. Tricky Golf oder Heft aus der „Walter“-Serie)

Anmerkungen zur Trainingsstunde:

MATERIALIEN FÜR DIE ERSTE TRAININGSSTUNDE

Die Geschichte vom vergesslichen Mario

Mario besucht die dritte Klasse der Volksschule. Er ist ein lustiger und freundlicher Bub. In seiner Klasse hat er viele Freunde und Freundinnen. Sein bester Freund heißt Lucas.
Einmal waren die beiden im Schulgebäude unterwegs, weil ihnen langweilig war. Eigentlich sollte Mario den Bibliotheksschlüssel bei der Frau Direktor abgeben. Aber nachdem er Lucas am Gang getroffen hatte, war er mit seinen Gedanken schon beim Fußballspiel am Nachmittag. Er steckte den Schlüssel in seine Hosentasche und vergaß ihn dort. Am Nachmittag lief er auf den Fußballplatz, spielte ein tolles Match und schlief am Abend glücklich und zufrieden in seinem Bett ein. Am nächsten Tag musste Mario gleich in der Früh zur Frau Direktor und da fiel ihm wieder der Schlüssel ein. Leider hatte er eine andere Hose an und so konnten die SchülerInnen und LehrerInnen den ganzen Vormittag nicht in die Bibliothek, bis Marios Mutter atemlos und abgehetzt den Schlüssel in die Schule zurückbrachte. Für Mario gab es eine doppelte Hausaufgabe von seiner Lehrerin und von seiner Mutter eine kräftige Standpauke am Abend.

Fragen zum Text:

- Was denkst du über Mario?
- Wie kommst du darauf, dass er unaufmerksam ist?
- Warum ist Mario unaufmerksam?
- Was sollte Mario lernen?

Die Geschichte von der unkonzentrierten Sonja

Eigentlich war Sonja mit ihrem Namen sehr zufrieden, denn niemand in ihrer Klasse hieß so. Was sie aber sehr störte, waren einige Buben, die sie Sopherl riefen. Dann wurde sie zornig und schimpfte die Buben. So kam es, dass sie mit ihren Gedanken bei den schlimmen Buben war, als die Lehrerin sie etwas fragte. Sie wusste die Antwort nicht, weil sie die Frage verschlafen hatte, und wurde rot im Gesicht. Die Lehrerin schimpfte mit Sonja wegen ihrer Unkonzentriertheit und Raphael von der letzten Reihe lachte sie aus. Sonja drehte sich um und schubste die Federschachtel von Raffis Tisch. Gott sei Dank hatte sich die Lehrerin wieder der Tafel zugewandt, sodass sie es nicht sah. Am Ende der Deutschstunde sah sich die Lehrerin die Schulhefte an und hinterließ ein rotes Meer in Sonjas Heft. Sonja steckte schnell das Deutschheft in ihre Schultasche und rannte auf die Toilette. Zu Hause stellte sie fest, dass sie die Hausübung vergessen hatte einzutragen. Sie rief ihre beste Freundin Julia an und erkundigte sich nach der Hausübung. Leider gab ihr Julia eine ungenügende Auskunft, sodass sie am nächsten Tag mit einer unvollständigen Hausübung in die Schule kam. Die Lehrerin schimpfte und schrieb noch am selben Tag eine Mitteilung in das Heft. Sonjas Mutter seufzte und unterschrieb traurig die Mitteilung der Lehrerin. Sonja nahm sich vor, zukünftig in der Schule besser aufzupassen und sich nicht von den Buben ablenken zu lassen.

Fragen zum Text:

- Was denkst du über Sonja?
- Warum passt Sonja nicht auf?
- Was sollte Sonja lernen?
- Wie kann sie aufmerksamer werden?

Abmachung zum Konzentrationstraining

Zwischen ______________________________ und ________________________

Wir üben immer am ______________________________________ (Tag der Woche)

von _________ bis _________ Uhr.

Das Training wird ________________________ (Ort der Durchführung) abgehalten.

Wir üben zusammen, sich auf Aufgaben besser zu konzentrieren, aufmerksam und genau die Arbeiten durchzuführen und dabei erfolgreich und zufrieden zu sein.

Bei unserem Training wirst du zuerst einmal von der Schule abschalten lernen, wirst dich entspannen, um danach konzentrierter an die Übungen gehen zu können. Dabei lernst du genau hinzusehen, genau hinzuhören und die Aufgaben zu überprüfen und Fehler auszubessern.

Danach gibt es für richtig gelöste Aufgaben eine Belohnung! Wenn du den Plan mit 10 Sternen oder Punkten vollgeklebt hast, kannst du dir aus unserer Schatzkiste etwas aussuchen. Wenn du aber während des Übens störst, nicht mitmachst oder herumtrödelst, bekommst Du keine Punkte bzw. werden Punkte abgezogen!

Am Ende der Stunde werden wir etwas zusammen spielen oder du suchst dir alleine ein Spiel aus.

______________________________ ______________________________

Unterschrift des Kindes Unterschrift der Mutter/des Vaters

ÜBUNGSBLATT 3: »NÄHSEIDE AUFROLLEN«

Die Nähkiste ist umgefallen!

Hilf beim Aufrollen, jedes Röllchen hat eine andere Farbe

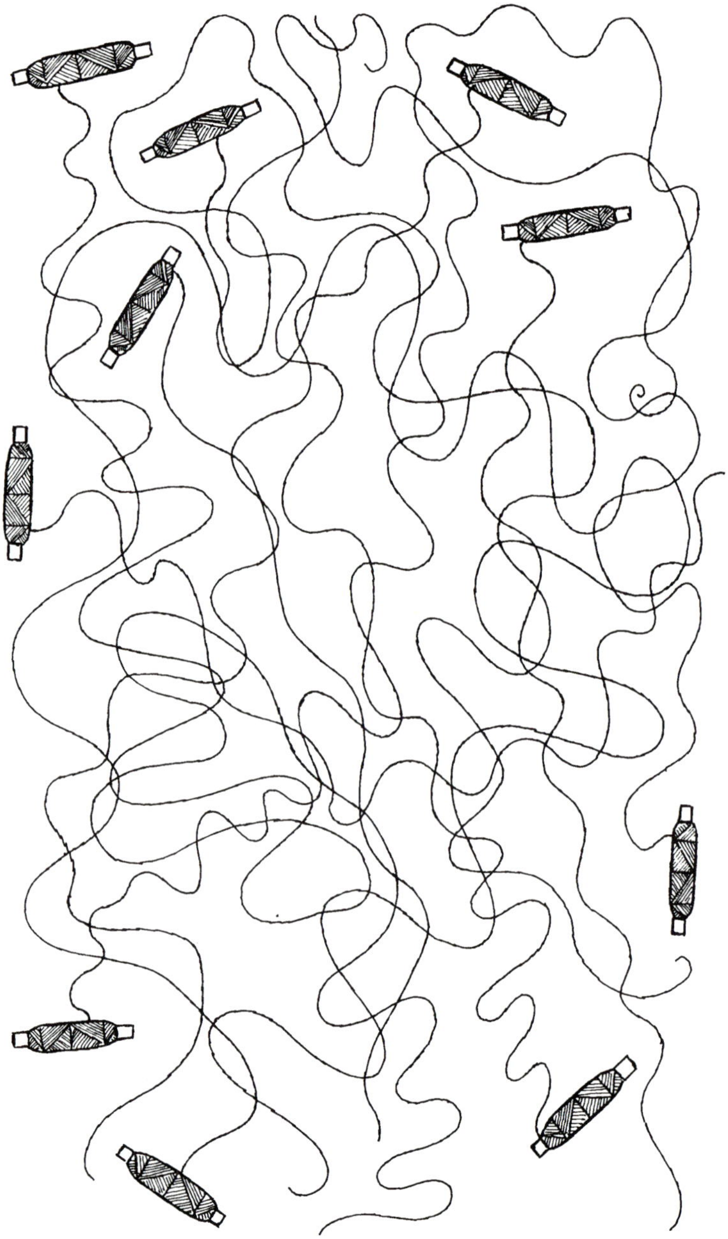

Aus: „Konzentration kinderleicht" 5./6. ASO © J&V, Wien

Zweite Trainingsstunde

Worum geht es?

Ich lerne abzuschalten.

- Einführung in Entspannungsverfahren wie Fantasiereisen oder fortschreitende Muskelentspannung. Schärfung der Sinneswahrnehmung.

Was brauchen wir?

- Stimmungsthermometer (siehe Buchklappe) und Büroklammer
- Die Texte und Übungen der zweiten Trainingsstunde
- Bleistifte, Buntstifte und/oder Filzstifte
- 1 Konzentrationsspiel (z.B. aus der Simile Serie oder Schau genau)
- Das Belohnungsblatt (siehe S. 12 sowie Umschlag) und Klebepunkte
- Zum Ertasten: Eine Reisschüssel gefüllt mit verschiedenen Gegenständen oder Stoffsäckchen gefüllt mit Linsen, Watte, Münzen u.ä.

Ablauf der zweiten Trainingsstunde	Was brauche ich?
1. Stimmungslage und Befindlichkeit beim Kind klären: Wie fühlst du dich momentan?	Erklärung S. 25 Stimmungsthermometer und Büroklammer (Buchklappe)
2. Einführung in die Entspannungsübung: Kleine Vorübung dazu: Ihr Kind schließt die Augen und stellt sich vor, dass es einen Ball bis zum Mond und wieder zurück schießt. Der Ball landet am Ende im Meer und wird in Australien an Land gespült, wo ihn ein Bub findet und mit ihm ein Tor schießt.	
3. Entspannungsphase: Durchführung einer angeleiteten Fantasiereise – eine Reise in die Mitte von Australien zum Uluru. Wahlweise kann auch eine angeleitete „Progressive Muskelentspannung (PME)" durchgeführt werden. Anschließend Fragen zur Entspannungsübung stellen.	Entspannungssessel, ev. CD und Player Fantasiereise, S. 25 Erklärung zur Muskelentspannung, S. 28
4. Übungsphase: Arbeitsblätter Arbeiten Sie mit dem Übungsblatt 1 und lassen Sie Ihr Kind das Muster fortsetzen, dann mit dem Übungsblatt 2, wo verschiedene Formen mit verschiedenen Farben bemalt werden sollen. Machen Sie danach eine Übung mit einem Konzentrationsspiel.	Übungsblatt 1, S. 33 Übungsblatt 2, S. 34 z.B. Spiel aus der Simile Serie Schau Genau oder Differix mit Instruktion
5. Belohnungsphase: Das Kind erhält seine Belohnung: Für jedes richtige Übungsblatt bzw. gelöste Aufgabe wird 1 Punkt auf das Belohnungsblatt geklebt.	Belohnungsblatt (Umschlag) Klebepunkte
6. Zusätzliche freiwillige Übungen: Während der Woche kann das Kind ein eigenes Übungsblatt entwerfen und bekommt in der nächsten Trainingsstunde einen Zusatzpunkt verbunden mit Lob (z.B. „Das ist dir sehr gut gelungen!").	Selbst entworfenes Übungsblatt, z.B. Muster fortsetzen zusätzlicher Belohnungspunkt
7. Erholungsphase: Das Kind kann nun die Gegenstände in der Reisschüssel bzw. im Tastsäckchen ertasten.	Reisschüssel oder Stoffsäckchen mit versteckten Gegenständen

Anmerkungen zur Trainingsstunde:

Das Stimmungsthermometer

Anwendung: Lassen Sie Ihr Kind einschätzen, wie es sich momentan fühlt, wie es ihm geht. Dazu erhält das Kind eine Büroklammer. Es steckt seine Klammer auf einer Skala, die von 0 - 10 reicht, bei dem Wert an, der dem momentanen Gefühl entspricht. Besprechen Sie kurz, warum es gerade diese Zahl gewählt hat. Das Stimmungsthermometer kann auch am Ende der Stunde noch einmal durchgeführt werden.

MATERIALIEN FÜR DIE ZWEITE TRAININGSSTUNDE

Fantasiereise in die Mitte von Australien – zum Uluru

„Lege oder setze dich bequem in deinen Entspannungssessel und versuche, deine Augen zu schließen. Wenn du deine Augen nicht geschlossen halten kannst, dann fixiere einen Punkt an der Decke oder am Boden und lasse dich nicht ablenken. Mache es dir noch ein wenig gemütlicher. (Lausche der Musik.)
Heute steigst du in dein Flugzeug, welches dich weit weg auf eine Traumreise mitnimmt. Du schließt die Tür des Flugzeugs, setzt dich in einen bequemen Sessel und schnallst dich an. Du fühlst dich sicher und geborgen. Du hast deine Augen geschlossen. Ich zähle jetzt gleich von 10 bis 1 zurück und dabei fühlst du dich immer gelöster und entspannter. Du fühlst dich sicher und ruhig.

Zehn: Du hast deine Augen geschlossen.
Neun: Du entspannst dich.
Acht: Du vergisst alles um dich herum.
Sieben: Du atmest ruhig und regelmäßig.
Sechs: Du fühlst dich sicher und ruhig.
Fünf: Du merkst: Meine Arme sind ganz ruhig.
Vier: Auch bei deinen Beinen stellst du fest: Meine Beine sind ganz ruhig.
Drei: Du fühlst dich sicher und ruhig.
Zwei: Du kannst sehr gut abschalten.
Eins: Du bist jetzt startklar für deine Traumreise mit dem Flugzeug.

Stelle dir vor, dass du mit deinem Flugzeug eine Traumreise nach Australien machst.

Du liegst bzw. sitzt in deinem Flugzeug und schwebst durch die Wolken. Dabei fühlst du dich sicher und ruhig. Und während du durch die Luft schwebst, merkst du, dass dein Körper auf eine angenehme Art und Weise ganz schwer und entspannt wird. Du merkst es zuerst bei deinen Armen.

Du merkst:

Mein rechter Arm ist ganz schwer.*
Mein rechter Arm ist ganz schwer.

Auch bei deinem linken Arm stellst du fest:
Mein linker Arm ist ganz schwer.
Mein linker Arm ist ganz schwer.

Du schwebst ruhig und sicher durch die Wolken und denkst: Meine Arme sind ganz schwer.

Nach einiger Zeit kannst du unter deinem Flugzeug zuerst den Ozean, das Meer sehen. Du siehst Schiffe und Boote, die so klein wie Spielzeugschiffe sind. Jetzt kannst du auch schon den großen roten Kontinent Australien erkennen. Du siehst flaches Land, Flüsse, Städte und Straßen. Langsam landet dein Flugzeug in der Mitte von Australien. Du steigst aus deinem Flugzeug und du siehst vor dir den heiligen Berg der Ureinwohner Australiens, den Uluru. Je näher du dem rotorange leuchtenden Berg kommst, umso stärker spürst du die Wärme, die von ihm ausgeht. Du merkst es zuerst an deinen Armen.

Du merkst:

Mein rechter Arm ist ganz warm.
Mein rechter Arm ist ganz warm.

Auch bei deinem linken Arm stellst du fest:

Mein linker Arm ist ganz warm.
Mein linker Arm ist ganz warm.

Zum Schluss merkst du, dass deine beiden Arme ganz warm geworden sind. Du merkst und denkst: Meine beiden Arme sind ganz warm.

Du gehst jetzt um den heiligen Berg der Aborigines, der Ureinwohner Australiens. Es ist ein schmaler, sandiger Pfad, der dich durch hohes Gras und Eukalyptusbäume führt. Zuerst kommst du zu einer Quelle, die aus der Mitte des Berges zu kommen scheint. Hier triffst du auf die Ureinwohner. Sie begrüßen dich und geben dir Wasser zu trinken. Der Stammes-

* **Anmerkung: Bei LinkshänderInnen bitte immer mit dem linken Arm beginnen!**

älteste führt dich zu einer Höhle, wo er dir Felsenzeichnungen zeigt. Du kannst ein Känguru erkennen, das auf die Höhlenwand gezeichnet wurde. Du siehst eine große Schlange über dir am Felsen, und dann noch eine. Diese werden als Götter verehrt. Der Ureinwohner erzählt dir dazu eine uralte Geschichte seiner Vorfahren aus der Traumzeit. Allmählich wird es Zeit für dich, von den freundlichen Ureinwohnern Abschied zu nehmen. Der Stammesälteste gibt dir noch eine Zeichnung als Geschenk mit. Darauf kannst du die Spuren eines Kängurus, eines Dingos und von Menschen erkennen, die zu einem Wasserloch führen. Du bedankst dich und steigst in dein Flugzeug ein. Gerne möchtest du wieder zu den freundlichen Bewohnern Australiens zurückkommen."

[Rücknahme:]

„Du fliegst mit deinem Flugzeug ins Hier und Jetzt zurück und du denkst: Ich bin ganz ruhig und meine Arme sind ganz schwer und warm. Es ist schön, so durch die Wolken zu fliegen, und wenn ich jetzt gleich von 10 bis 0 zähle, kehrst du langsam hierher zurück.

Zehn: Du kehrst zurück ins Hier und Jetzt.
Neun: Du fühlst dich ruhig und zufrieden.
Acht: Du wirst langsam wach.
Sieben: Du spürst die angenehme Ruhe, Schwere und Wärme.
Sechs: Es macht dir Freude, mit deinem Flugzeug durch die Welt zu fliegen.
Fünf: Du atmest ruhig und regelmäßig.
Vier: Du kannst dich entspannen.
Drei: Bewege deine Finger und strecke deine Arme in die Höhe und nach vorne.
Zwei: Atme tief ein und aus und wiederhole es noch einmal.
Eins: Öffne deine Augen, wenn du sie geschlossen gehalten hast.
Null: Du bist wieder da und fühlst dich entspannt und zufrieden."

Anmerkung: Es kann unter Umständen notwendig sein, die Arme mehrmals zu strecken und öfters tief ein- und auszuatmen!

Fragen nach der Fantasiereise:

- Wohin hat dich die Reise geführt?
- Wie hat dir die Reise gefallen?
- Was hast du dir von der Reise gemerkt?
- Konntest du die Schwere, Wärme und Ruhe spüren und wenn ja, wo im Körper?
- Wie fühlst du dich jetzt?

Die Progressive Muskelentspannung

Vorübung zur Muskelentspannung: Die Kartoffelsackübung

Anleitung: „Stehe auf und stelle dich mir gegenüber. Nun stelle dir vor, dass vor dir am Boden ein schwerer Kartoffelsack liegt. Du möchtest diesen Sack aufheben. Hebe den Sack mit beiden Händen langsam vom Boden auf. Ziehe den Sack höher und achte dabei auf deine Muskeln. Lege den Sack nun über deine Schultern. Der Sack ist sehr schwer – lass nun den Kartoffelsack zu Boden gleiten und achte wieder auf die Anspannung im Körper. Wie fühlen sich nun dein Körper, deine Hände, Arme und Schultern an, wenn sie ganz entspannt sind? Wie hat sich dein Körper angefühlt, als er angespannt war? Welches Gefühl ist angenehmer?“

Vorübung zur Muskelentspannung: Das Federkissen/Der Federpolster

Anleitung: „Stehe auf und stelle dich mir gegenüber. Nun nimm ein Kissen/einen Polster, gefüllt mit Federn, in beide Hände. Halte das Kissen/den Polster und beachte dabei, wie sich deine Hände und Arme anfühlen. Hebe das Kissen/den Polster nun langsam in die Höhe und achte dabei wieder auf deinen Körper. Wie fühlen sich deine Arme, Hände und Schultern an, wenn du das Federkissen/den Federpolster in die Höhe hebst? Wo kannst du die Spannung im Körper spüren? Lasse nun beide Arme sinken und lege das Kissen/den Polster auf den Boden. Vielleicht spürst du jetzt ein Gefühl der Schwere, Wärme, Kribbeln, Taubheit, Leichtigkeit oder auch gar nichts. Alles, was du fühlst, ist richtig. Welches Gefühl spürst du jetzt in deinem Körper? Ist es ein angenehmes oder ein unangenehmes Gefühl?“

Die fortschreitende Muskelentspannung, modifiziert nach Klein-Hessling/Lohaus, 1998:

Einführung: „Heute werden wir eine ganz besondere Übung erlernen. Sie wird gemacht, um sich wohler und konzentrierter zu fühlen. Diese Übung ist eine „Entspannungsübung“. Wenn du dich nervös, unkonzentriert und gestresst fühlst, kann dir diese Übung helfen, dich zu entspannen. Nach einiger Zeit des regelmäßigen Übens kannst du diese Übung durchführen, ohne dass jemand es bemerkt. Es gibt nun einige Regeln für diese Übung:

Erstens wird am Anfang alles unter Anleitung geübt. Es wird jede Übung mit der Trainerin/dem Trainer zusammen gemacht.

Zweitens gilt es, deine ganze Konzentration auf deinen Körper zu lenken. Während der Übung sollst du auf die Spannung in deinen Muskeln achten. Wie fühlt sich der Muskel an, wenn er angespannt bzw. entspannt ist?

Drittens sollst du täglich mindestens einmal üben. Je häufiger du die Übungen durchführst, desto entspannter fühlst du dich."

„Jetzt wollen wir die Entspannungsübung zusammen machen. Setze dich in einer bequemen Haltung hin oder lege dich möglichst bequem auf den Boden. Lasse deine Hände ganz locker auf den Beinen ruhen oder lege sie neben deine Beine. Schließe deine Augen und öffne sie erst wieder, wenn ich es dir sage. Wenn du deine Augen nicht geschlossen halten kannst, dann fixiere einfach einen Punkt vor dir am Boden oder blicke an die Zimmerdecke. Denke daran, genau das zu machen, was ich dir sage und genau auf deinen Körper zu achten, wie er sich anfühlt. Schreibst du mit der rechten oder der linken Hand? Wenn du eine Rechtshänderin/ein Rechtshänder bist, dann beginne immer mit rechts und umgekehrt.

Es geht jetzt los:

Versuche, deine rechte Hand zu einer festen Faust zu ballen. Stelle dir vor, du hast eine gekochte Kartoffel in der Hand. Drücke sie nun ganz fest zusammen. Achte dabei auf die Anspannung in deiner rechten Hand und in deinem rechten Arm. Und nun lass die Kartoffel fallen. Achte jetzt darauf, wie sich deine Hand und dein Arm anfühlen, wenn sie entspannt sind.

Nimm nun eine neue Kartoffel und zerquetsche sie wieder mit der rechten Hand. Drücke sie noch fester zusammen als die erste Kartoffel. Und jetzt lass die Kartoffel fallen und entspanne. Achte dabei auf das Gefühl in deiner Hand: Ist es ein Gefühl der Schwere, Wärme, Kribbeln, Taubheit, Leichtigkeit oder auch gar keines? – Alles, was du fühlen kannst, ist richtig.

Nun mache das Gleiche mit der linken Hand. Nimm eine gekochte Kartoffel in deine linke Hand und drücke sie ganz fest zusammen. Versuche, die ganze Kartoffel zu zerquetschen! Achte wieder auf die Anspannung in deiner linken Hand und in deinem linken Arm. Nun lass die Kartoffel los. Achte darauf, wie sich deine Muskeln jetzt anfühlen, wenn sie entspannt sind. Vielleicht spürst du nun ein Gefühl der Schwere, Wärme, Kribbeln, Taubheit, Leichtigkeit oder auch gar nichts – alles, was du fühlen kannst, ist richtig.

Nimm nun die letzte Kartoffel und zerquetsche sie mit der linken Hand. Drücke sie noch fester als alle anderen Kartoffeln. Jetzt lasse die Kartoffel fallen und entspanne. Merkst du, wie viel besser sich die Hand und der Arm anfühlen, wenn sie entspannt sind?

Als nächstes spanne deine Arme an. Stelle dir vor, du wärst eine faule, schläfrige Katze. Du willst dich so richtig strecken. Bringe deine Arme ganz weit nach oben, ziehe sie über deinen Kopf und lasse sie nach hinten wippen. Fühlst du das Ziehen in deinen Armen und Schultern? Und jetzt lasse deine Arme wieder auf deine Oberschenkel oder neben deinen Körper fallen. Merkst du, wie sich deine Arme und Schultern immer mehr entspannen?

Nun geht es um das Anspannen der Schultern. Stelle dir vor, du wärst eine Schildkröte. Du sitzt draußen im Gras an deinem Lieblingsteich und entspannst dich in der warmen Sonne. Hier fühlst du dich sehr ruhig und so richtig sicher. Aber plötzlich witterst du Gefahr! Ziehe schnell deinen Kopf in Deinen Panzer ein. Versuche dabei, deine Schultern weit hinaufzuziehen – noch weiter, bis hin zu deinen Ohren, und schiebe deinen Kopf zwischen deine Schultern. Bleib einen Moment so und spüre die Anspannung in deinen Schultern und im Nacken. Und endlich: die Gefahr ist vorüber, du kannst deinen Kopf wieder aus deinem Panzer hinausstrecken und in die wärmende Sonne zurückkommen. Du fühlst dich ganz entspannt und so richtig wohl!

Doch aufgepasst! Du spürst erneut Gefahr nahen. Schnell, ziehe deinen Kopf ein und bleib so. Beobachte dabei die Anspannung in Hals und Nacken. Gut, die Gefahr ist wieder vorüber und du kannst dich wieder entspannen. Fahre deinen Kopf wieder heraus und entspanne dich. Es wird keine Gefahr mehr geben, du brauchst keine Angst mehr zu haben. Du fühlst dich gut.

Als nächstes sollst du deine Zähne zusammenbeißen. Stelle dir jetzt vor, du hast einen riesigen Kaugummi in deinem Mund! Es ist wirklich anstrengend, darauf zu kauen. Jetzt entspanne! Du merkst, dass es gut tut, wenn dein Kiefer einfach herunterhängt. Dabei kannst du ein Gefühl der Schwere, Wärme, Kribbeln, Taubheit, Leichtigkeit oder auch gar nichts spüren. Alles, was du fühlst, ist richtig.

Und nun kaue noch einmal auf diesem Kaugummi! Zerbeiße ihn zwischen deinen Zähnen. Und jetzt entspanne wieder. Es ist angenehm, sich nicht mehr mit dem dummen Kaugummi herumärgern zu müssen.

Ah, da kommt eine lästige Fliege herangeflogen und landet mitten auf deiner Nase. Versuche sie zu verscheuchen, ohne deine Hände dabei zu benutzen. Lege deine Nase in Falten, runzle sie, mache so viele Falten, wie du kannst. Endlich, du hast die Fliege verscheucht! Jetzt kannst du deine Nase entspannen. Spüre, wie es sich anfühlt, wenn deine Nase entspannt ist. Du kannst dabei ein Gefühl der Schwere, Wärme, Kribbeln, Taubheit, Leichtigkeit oder auch gar nichts spüren. Alles, was du fühlst, ist normal.

Da kommt die Fliege schon wieder zurück und landet wieder genau auf deiner Nase. Verscheuche sie noch einmal, indem du deine Nase so stark wie möglich in Falten legst. Merkst du, wie deine Wangen, dein Mund, deine Augen und deine Stirn dir helfen, die Nase zu runzeln? Du hast es wieder geschafft, die lästige Fliege zu vertreiben. Du kannst dein Gesicht wieder entspannen. Lasse dein Gesicht ganz glatt werden, es hat keine Falten mehr. Dein Gesicht fühlt sich jetzt ganz glatt, angenehm und entspannt an.

Als nächstes geht es um das Anspannen deines Bauches. Stelle dir vor, du liegst auf einer Wiese im Gras und von weitem kommt ein kleiner Elefant herangetrottet. Aber er scheint gar nicht darauf zu achten, wo er hinläuft. Gleich läuft er

über deinen Bauch hinweg. Bewege dich nicht, du hast keine Zeit mehr, dich zu verstecken. Bereite dich auf den unangemeldeten Besuch vor. Mache deinen Bauch ganz hart und fest. Spanne deine Bauchmuskeln fest an. Es sieht so aus, als ob der Elefant nun doch eine andere Richtung einschlägt. Glück gehabt! Du kannst dich wieder entspannen und deinen Bauch ganz locker werden lassen. Spüre, wie sich dein Bauch anfühlt, wenn er ganz entspannt ist. Es kann sein, dass du ein Gefühl der Schwere, Wärme, Kribbeln, Taubheit, Leichtigkeit oder auch gar nichts verspürst. Alles, was du fühlst, ist richtig!

Da kommt der Dickhäuter schon wieder zurück. Fertigmachen! Spanne deine Bauchmuskeln ganz fest an. Wenn der Elefant über dich läuft und dein Bauch ganz hart und fest ist, kann er dir nicht wehtun. Mache deinen Bauch ganz hart wie einen Stein. Der kleine Elefant kommt näher, läuft über deinen Bauch und trottet davon. Du kannst dich jetzt wieder ganz entspannen. Du bist sicher. Alles ist in Ordnung und du fühlst dich ganz ruhig und entspannt.

Nun sollst du deinen Bauch einziehen. Stelle dir vor, du willst dich durch einen Spalt in der Mauer quetschen. Du musst dich ganz dünn machen, wenn du es schaffen willst, da durchzukommen. Ziehe deinen Bauch ein, ganz fest. Versuche, so dünn zu werden, wie du kannst. Du willst durch diesen Mauerspalt kommen. Du schlüpfst hindurch. Du hast es geschafft. Du kannst Deinen Bauch wieder entspannen. Du brauchst jetzt nicht mehr dünn zu sein. Entspanne dich und spüre, wie dein Bauch sich jetzt anfühlt. Vielleicht hast du ein Gefühl der Schwere, Wärme, Kribbeln, Taubheit, Leichtigkeit oder auch gar keines. Alles, was du fühlst, ist normal.

Aber du möchtest jetzt wieder zurück auf die andere Seite. Ziehe deinen Bauch wieder ganz fest ein – mache dich so dünn wie möglich. Nun quetsche dich wieder durch diesen schmalen Spalt in der Mauer. Toll, du hast es geschafft hindurchzukommen. Du kannst dich jetzt entspannen und deinen Bauch wieder dahin kommen lassen, wo er hingehört. Du hast es geschafft, du fühlst dich jetzt wirklich gut.

Als Letztes geht es darum, deine Füße und deine Beine anzuspannen. Stelle dir vor, du stehst barfuß im Sand. Grabe deine Zehen tief in den Sand ein. Versuche, deine Füße noch tiefer in den Sand zu drücken. Du wirst dazu auch deine Beine als Unterstützung brauchen. Mache deine Beine ganz lang, spreize deine Zehen. Du merkst, wie der Sand sich langsam durch deine Zehen hindurchdrückt. Vielleicht verspürst du wieder ein Gefühl der Schwere, Wärme, Kribbeln, Taubheit, Leichtigkeit oder auch gar nichts. Alles, was du spüren kannst, ist richtig. Du kannst wieder aus dem Sand herauskommen.

Gehe noch einmal zurück zum Sandplatz. Versuche jetzt noch einmal, deine Zehen in den Sand zu graben. Deine Beinmuskeln helfen den Füßen beim Herunterdrücken. Komme nun wieder aus dem Sand heraus. Entspanne deine Füße. Lasse deine Zehen ganz locker werden und spüre, wie schön sich das anfühlt. Nichts ist mehr angespannt. Du fühlst dich wohlig und warm.

Bleibe so entspannt, wie du kannst. Lasse deinen ganzen Körper ganz locker. Alle Muskeln deines Körpers hängen schlaff und entspannt herunter. Genieße dieses angenehme Gefühl der Entspannung noch eine Minute."

Nach ca. einer Minute:

„So, jetzt wollen wir die Entspannungsübung beenden. Spanne deine Muskeln wieder ein wenig an und räkle und strecke dich wie eine Katze. Atme dreimal tief durch die Nase ein und lasse deine Atemluft langsam durch den geöffneten Mund ausströmen. Und jetzt öffne ganz, ganz langsam deine Augen. Sehr gut – du hast das gut gemacht. Wenn du so weiterübst, wirst du ein/e topfitte/r Entspanner/in werden."

Gespräch nach der Entspannungsübung:

- Wie hat dir die Übung gefallen?
- Wie geht es dir jetzt?
- Welche Muskeln konntest du leicht entspannen?
- Welche Muskeln konntest du nicht so leicht entspannen?
- Wann wirst du die Muskelentspannung zu Hause, in der Schule etc. machen?

ÜBUNGSBLATT 1: »MUSTER FORTSETZEN«

Setze das Muster bis zum Zeilenende fort:

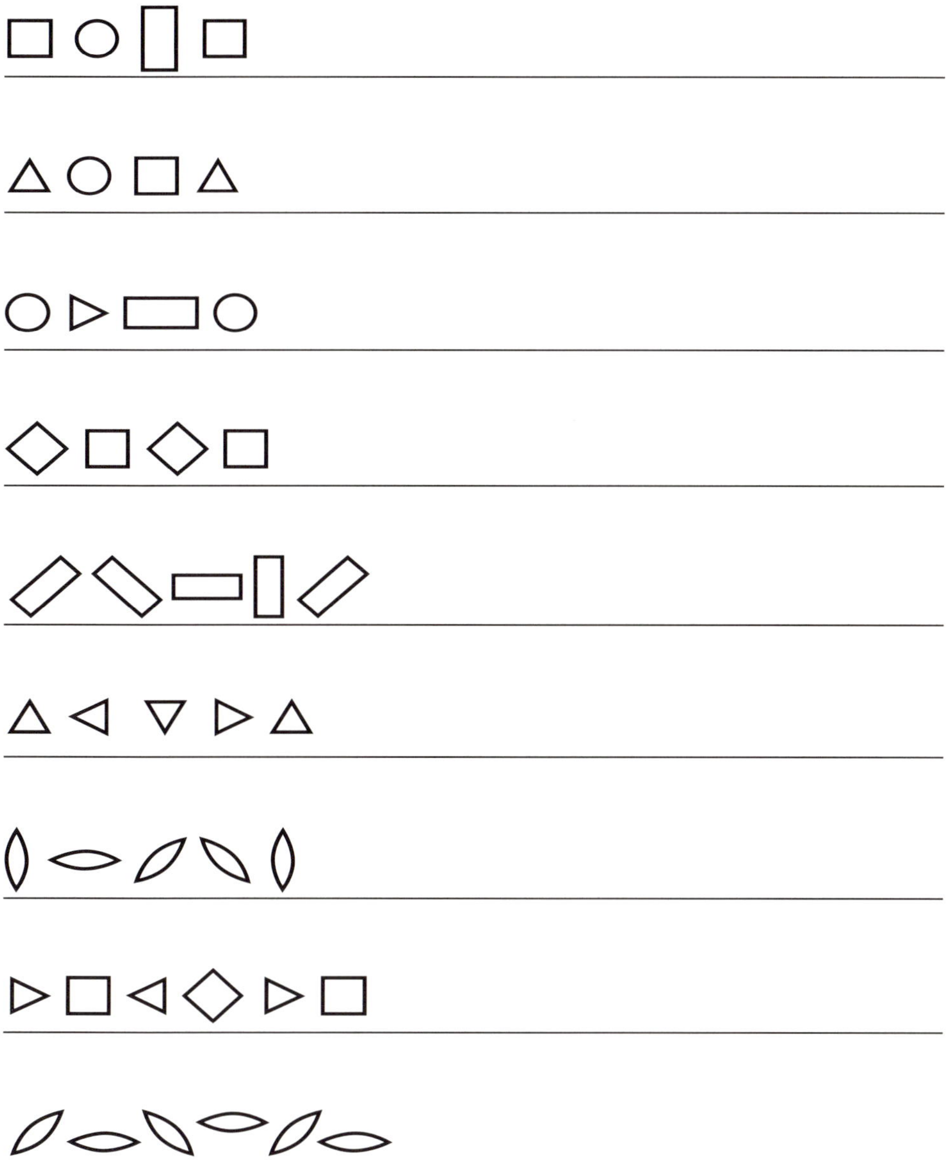

Aus: „Konzentration kinderleicht" 5./6. ASO © J&V, Wien

ÜBUNGSBLATT 2: »FORMEN BEMALEN«

Nimm für jedes Zeichen eine andere Farbe und male an.
Alle ganz großen Kreise rot, alle anderen Kreise gelb,
alle großen Dreiecke blau, alle kleinen Dreiecke grün,
alle großen Vierecke violett, alle kleinen Vierecke rosa, alle Kreuze orange

Nach: „Konzentration kinderleicht“ 5./6. ASO © J&V, Wien

Dritte Trainingsstunde

Worum geht es?

Ich lerne genau hinzuschauen und mich zu loben.

- Durch Beobachten und Nachahmen wird das „genaue Hinschauen“ geübt.
- Das Kind lernt, sich selbst zu loben.
- Die Sinneswahrnehmung wird geschärft.

Was brauchen wir?

- Stimmungsthermometer
- Die Texte und Übungen der dritten Trainingsstunde
- Buntstifte und/oder Filzstifte
- Das Belohnungsblatt (siehe S. 12 sowie Umschlag) und Klebepunkte
- 1 Konzentrationsspiel: wahlweise Simile Serie oder Differix oder Schau Genau
- Wenn PC vorhanden ev. Training nach Prof. Köhler: CD „Training der visuellen Ordnungsschwelle“ oder „Hase und Igel“ (siehe Anhang)

Ablauf der dritten Trainingsstunde	Was brauche ich?
1. Stimmungsthermometer: Stimmungslage und Befindlichkeit beim Kind klären: „Wie fühlst du Dich momentan?“ Einstellen der Stimmung von 0 - 10.	Stimmungsthermometer und Büroklammer
2. Entspannungsphase: Kurze Wiederholung der wichtigsten Punkte zur Entspannung: Es sich bequem machen (ev. die Schuhe ausziehen, Brille ablegen, ...), die Augen geschlossen halten, damit keine Ablenkung erfolgt, Handy ausschalten, ... Durchführung einer angeleiteten Fantasiereise - Eine Reise mit dem Heißluftballon über den Outback von Australien. Alternativ: Progressive Muskelentspannung (PME). Anschließend Fragen zur Entspannungsübung stellen.	Entspannungssessel, ev. CD und Player Fantasiereise, S. 37 PME siehe zweite Trainingsstunde
3. Übungsphase: Besprechen der Übungsblätter und Einführen des Selbstlobes: Was ist zu tun? Wenn du es richtig gemacht hast, dann sage laut zu Dir: „Das ist mir gut gelungen.“ Wahlweise kann auch das PC-Training der visuellen Ordnungsschwelle oder „Hase und Igel“ nach Prof. Köhler stattfinden. Danach wählen Sie ein Konzentrationsspiel.	Übungsblatt 1, S. 40 Übungsblatt 2, S. 41 PC, CD nach Prof. Köhler z.B. Simile Serie, Schau Genau oder Differix (1 Tafel)
4. Belohnungsphase: Punkte vergeben und das Kind loben: „Das hast du super gemacht!“	Belohnungsblatt (Umschlag) Klebepunkte
5. Freiwilliges Üben während der Woche: z.B. ein Übungsblatt „Zahlen verbinden“	Übungsblatt 3, S. 42 zusätzlicher Belohnungspunkt
6. Erholungsphase: Spielen Sie mit Ihrem Kind ein Nachahmungsspiel oder Beobachtungsspiel: Machen Sie Bewegungen vor, die das Kind spiegelverkehrt nachmachen soll, oder spielen Sie „Ich seh', ich seh', was du nicht siehst“.	

Anmerkungen zur Trainingsstunde:

MATERIALIEN FÜR DIE DRITTE TRAININGSSTUNDE

Fantasiereise nach Australien – Mit dem Heißluftballon über das Outback

„Lege oder setze dich gemütlich in deinen Entspannungssessel und versuche, deine Augen zu schließen. Wenn du deine Augen nicht geschlossen halten kannst, dann fixiere einen Punkt vor dir auf der Zimmerdecke oder am Boden und lasse dich nicht ablenken. Mache es dir noch ein wenig gemütlicher. (Lausche der Musik.)
Heute steigst du wieder in dein Flugzeug, welches dich weit weg auf eine Traumreise mitnimmt. Du schließt die Tür des Flugzeugs, setzt dich in einen bequemen Sessel und schnallst dich an. Du fühlst dich sicher und geborgen. Deine äußeren Augen schließen sich langsam und du öffnest deine inneren Augen. Ich zähle jetzt gleich von 10 bis 1 zurück und du fühlst dich immer gelöster und entspannter. Du fühlst dich sicher und ruhig.

Zehn: Du hast deine äußeren Augen geschlossen.
Neun: Du entspannst dich.
Acht: Du vergisst alles um dich herum.
Sieben: Du atmest ruhig und regelmäßig.
Sechs: Du fühlst dich sicher und ganz ruhig.
Fünf: Du merkst: Meine Arme sind ganz ruhig.

Vier: Auch bei deinen Beinen stellst du fest: Meine Beine sind ganz ruhig.

Drei: Du fühlst dich sicher und ruhig.

Zwei: Du kannst sehr gut abschalten. Nichts stört dich mehr.

Eins: Du bist jetzt startklar für deine Traumreise mit dem Flugzeug.

Stelle dir vor, dass du mit deinem Flugzeug eine Traumreise nach Australien machst.

Du liegst bzw. sitzt in deinem Flugzeug und schwebst durch die Wolken. Dabei fühlst du dich sicher und ruhig. Und während du durch die Luft schwebst, merkst du, dass dein Körper auf eine angenehme Art und Weise ganz schwer und entspannt wird. Du merkst es zuerst bei deinen Armen.

Du merkst:

Mein rechter Arm ist ganz schwer.
Mein rechter Arm ist ganz schwer.

Auch bei deinem linken Arm stellst du fest:

Mein linker Arm ist ganz schwer.
Mein linker Arm ist ganz schwer.

Du schwebst ruhig und sicher durch die Wolken und denkst: Meine Arme sind ganz schwer.

Nach einiger Zeit kannst du unter deinem Flugzeug zuerst den Ozean sehen. Du siehst Schiffe und Boote, die so klein wie Spielzeugschiffe sind. Jetzt kannst du auch schon den großen roten Kontinent Australien erkennen. Du siehst flaches Land, Flüsse, Häuser und Straßen. Langsam landet dein Flugzeug in der Mitte von Australien, in der Stadt Alice Springs. Du steigst aus deinem Flugzeug und du siehst vor dir einen Jeep. Du steigst in den Jeep. Es ist noch sehr dunkel. Der Jeep bringt dich ins Outback. Dort gibt es nur Grasland, Büsche und vereinzelt kleine Eukalyptusbäume. Du kletterst aus dem Jeep und vor dir liegt ein zusammengefalteter Heißluftballon. Mit heißer Luft wird er nun vollgefüllt und langsam richtet sich der Ballon auf. Du steigst mit deinem Ballonfahrer in den Korb. Die Taue werden losgelassen und langsam steigt der Heißluftballon in die Höhe. Du spürst die Wärme von der Heißluft, die ständig in den Ballon geblasen wird. Du merkst es zuerst an deinen Armen.

Du merkst:

Mein rechter Arm ist ganz warm.
Mein rechter Arm ist ganz warm.

Auch bei deinem linken Arm stellst du fest:

Mein linker Arm ist ganz warm.
Mein linker Arm ist ganz warm.

Zum Schluss merkst du, dass deine beiden Arme ganz warm geworden sind. Du merkst und denkst: Meine beiden Arme sind ganz warm.

Du blickst hinunter auf das Grasland. Du kannst einige Kängurus erblicken, die aufgescheucht schnell das Weite suchen. Es gibt auch eine Straße durch das Grasland. In der Ferne siehst du eine Bergkette, hinter der gerade die Sonne aufgeht. Du genießt das sanfte Gleiten des Ballons über das Outback. Wenn mehr heiße Luft in den Ballon geblasen wird, dann steigt er stetig in die Höhe. Es ist schön, so durch die Luft zu schweben. Langsam senkt sich der Ballon in Richtung Grasland. Jetzt setzt er auf, gebremst durch Buschwerk, und du kannst aus dem Ballon klettern. Der Jeep wartet bereits auf dich und bringt dich zu einem Frühstück mitten im Outback. Da kannst du dich stärken und erhältst ein Diplom für deine erste Luftfahrt mit einem Heißluftballon. Gerne möchtest du noch hier bleiben, aber dein Flugzeug ist bereits startklar."

[Rücknahme:]

„Du fliegst mit deinem Flugzeug ins Hier und Jetzt zurück und du denkst: Ich bin ganz ruhig und meine Arme sind ganz schwer und warm. Es ist schön, so durch die Wolken zu fliegen und wenn ich jetzt gleich von 10 bis 0 zähle, kehrst du langsam, in deinem Tempo, hierher zurück.

Zehn: Du kehrst ins Hier und Jetzt zurück.
Neun: Du fühlst dich ruhig und zufrieden.
Acht: Du wirst langsam wach.
Sieben: Du spürst die angenehme Ruhe, Schwere und Wärme.
Sechs: Es macht dir Freude, mit deinem Flugzeug durch die Welt zu fliegen.
Fünf: Du atmest ruhig und regelmäßig.
Vier: Du kannst dich entspannen.
Drei: Bewege deine Finger und strecke deine Arme in die Höhe und nach vorne.
Zwei: Atme tief ein und aus und wiederhole es noch einmal.
Eins: Schließe langsam deine inneren Augen und öffne deine äußeren Augen, wenn du sie geschlossen gehalten hast.
Null: Du bist wieder da und fühlst dich entspannt und zufrieden."

Fragen zur Fantasiereise:

- Wohin hat dich die Reise geführt?
- Wie hat dir die Reise gefallen?
- Was hast du dir von der Reise gemerkt?
- Konntest du die Schwere, Wärme und Ruhe spüren und wenn ja, wo im Körper?
- Wie fühlst du dich jetzt?

ÜBUNGSBLATT 1: »ZAHLEN VEBINDEN«

Verbinde die Punkte. E e bei 1! Was wird daraus?

ÜBUNGSBLATT 2: »MUSTER ÜBERTRAGEN«

Übertrage die Striche in das jeweilige rechte Feld.

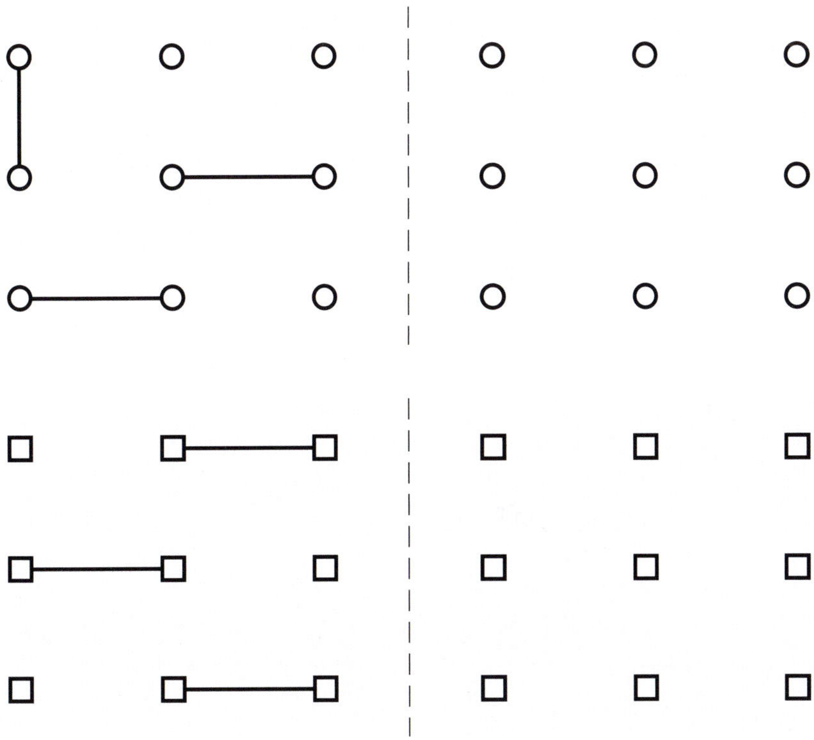

Zeichne im linken Feld selbst Striche ein und übertrage diese dann in das rechte Feld.

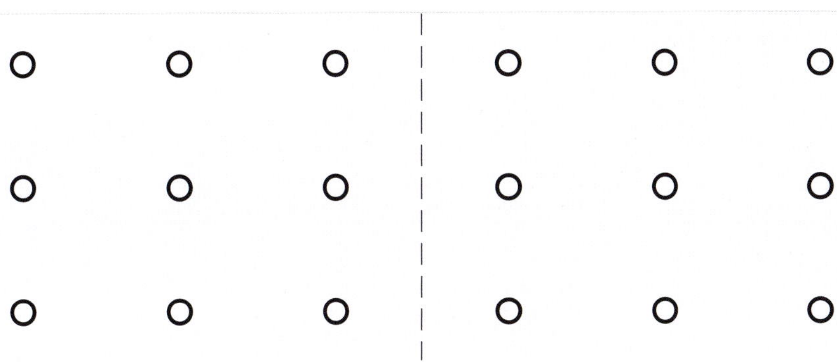

ÜBUNGSBLATT 3: »ZAHLEN VERBINDEN«

Verbinde die Punkte. Beginne bei 1! Was wird daraus?

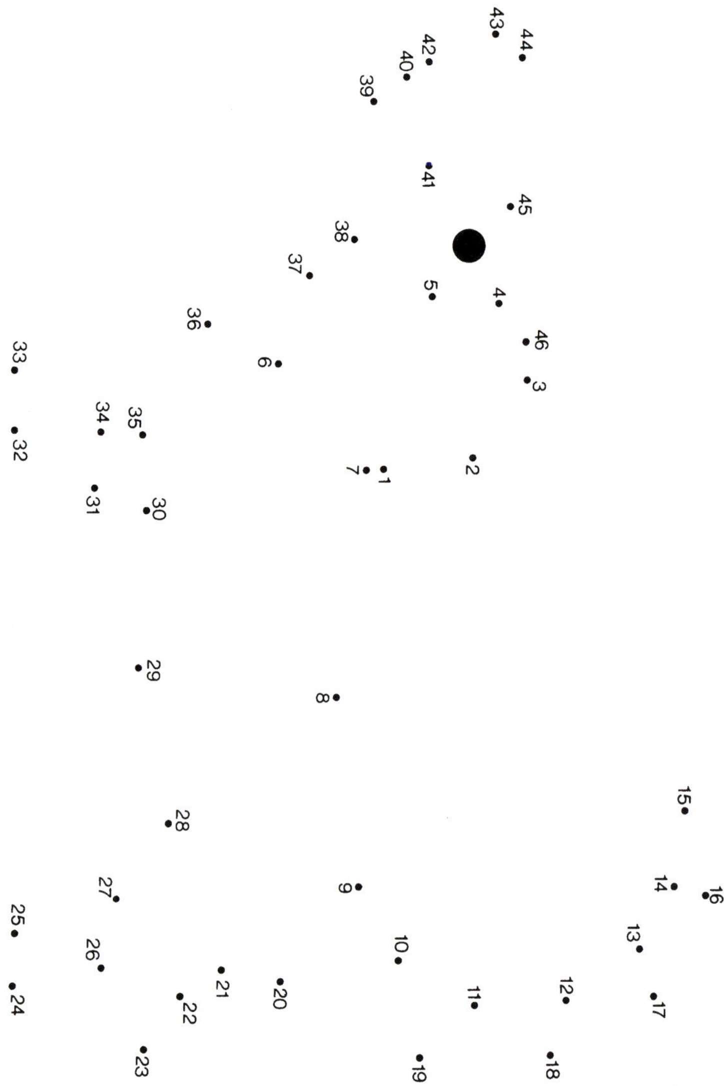

Aus: „Konzentration kinderleicht" 4. VS, © J&V, Wien

Vierte Trainingsstunde

Worum geht es?

Ich lerne genau hinzuschauen und mich zu loben. 2. Teil

- Wieder geht es darum, das „genaue Hinschauen" zu üben und Bildvorlagen zu analysieren. Auch das Selbstlob und die positive Bekräftigung werden weitergeübt.

Was brauchen wir?

- Stimmungsthermometer
- Die Texte und Übungen der vierten Trainingsstunde
- Bleistifte, Buntstifte und/oder Filzstifte
- Das Belohnungsblatt (siehe S. 12 sowie Umschlag) und Klebepunkte
- 1 Konzentrationsspiel, z.B. Simile Serie, Schau Genau oder Differix
- Wenn PC vorhanden ev. Training nach Prof. Köhler: CD „Training der visuellen Ordnungsschwelle" oder „Hase und Igel" (siehe Anhang)

Ablauf der vierten Trainingsstunde	Was brauche ich?
1. Stimmungsthermometer: Stimmungslage und Befindlichkeit beim Kind klären: „Wie fühlst du Dich momentan?" Einstellen der Stimmung von 0 - 10.	Stimmungsthermometer und Büroklammer
2. Entspannungsphase: Durchführung einer angeleiteten Fantasiereise – Eine Reise zu den Krokodilen – oder einer Progressiven Muskelentspannung (PME). Anschließend Fragen zur Entspannungsübung stellen.	Entspannungssessel, ev. CD und Player Fantasiereise, S. 45 PME siehe zweite Trainingsstunde
3. Übungsphase: Besprechen der Übungsblätter und Einführen des Selbstlobes: Was ist zu tun? Wenn du es richtig, gemacht hast, dann sage diesmal leise zu Dir: „Das habe ich gut gemacht."	Übungsblatt 1, S. 48 Übungsblatt 2, S. 49
Wahlweise kann auch das PC-Training der visuellen Ordnungsschwelle nach Prof. Köhler stattfinden.	PC, CD nach Prof. Köhler
Danach wählen Sie ein Konzentrationsspiel.	z.B. Simile Serie, Schau Genau oder Differix (1 Tafel)
4. Belohnungsphase: Punkte vergeben und das Kind loben: „Das hast du super gemacht!"	Belohnungsblatt (Umschlag) Klebepunkte
5. Freiwilliges Üben während der Woche: z.B. mit Übungsblatt 3 „Vogel anmalen"	Übungsblatt 3, S. 50 zusätzlicher Belohnungspunkt
6. Erholungsphase: Spielen Sie mit Ihrem Kind ein Nachahmungsspiel oder Beobachtungsspiel, z. B. Berufe erraten: Jeder denkt sich einen Beruf aus und stellt ihn pantomimisch dar, der andere muss ihn erraten. Oder es wird ein Gegenstand in die Luft gemalt und soll erraten werden.	

Anmerkungen zur Trainingsstunde:

MATERIALIEN FÜR DIE VIERTE TRAININGSSTUNDE

Fantasiesreise nach Australien zu den Krokodilen am Yellow Water

„Lege oder setze dich gemütlich in deinen Entspannungssessel und versuche, deine Augen zu schließen. Wenn du deine Augen nicht geschlossen halten kannst, dann fixiere einen Punkt an der Zimmerdecke oder am Boden und lasse dich nicht ablenken. Mache es dir noch ein wenig gemütlicher. (Lausche der Musik.)

Heute steigst du wieder in dein Flugzeug, welches dich weit weg auf eine Traumreise mitnimmt. Du schließt die Tür des Flugzeugs, setzt dich in einen bequemen Sessel und schnallst dich an. Du fühlst dich sicher und geborgen. Deine äußeren Augen schließen sich langsam und du öffnest deine inneren Augen. Ich zähle jetzt gleich von 10 bis 1 zurück und du fühlst dich immer gelöster und entspannter. Du fühlst dich sicher und ruhig.

Zehn: Du hast deine äußeren Augen geschlossen.

Neun: Du entspannst dich.

Acht: Du vergisst alles um dich herum.

Sieben: Du atmest ruhig und regelmäßig.

Sechs: Du fühlst dich sicher und ganz ruhig.

Fünf: Du merkst: Meine Arme sind ganz ruhig.

Vier: Auch bei deinen Beinen stellst du fest:
Meine Beine sind ganz ruhig.

Drei: Du fühlst dich sicher und ruhig.

Zwei: Du kannst sehr gut abschalten.
Nichts stört dich mehr.

Eins: Du bist jetzt startklar für deine Traumreise mit dem Flugzeug.

Stelle dir vor, dass du mit deinem Flugzeug eine Traumreise nach Australien machst.

Du liegst bzw. sitzt in deinem Flugzeug und schwebst durch die Wolken. Dabei fühlst du dich sicher und ruhig. Und während du durch die Luft schwebst, merkst du, dass dein Körper auf eine angenehme Art und Weise ganz schwer und entspannt wird. Du merkst es zuerst bei deinen Armen.

Du merkst:

Mein rechter Arm ist ganz schwer.
Mein rechter Arm ist ganz schwer.

Auch bei deinem linken Arm stellst du fest:

Mein linker Arm ist ganz schwer.
Mein linker Arm ist ganz schwer.

Du schwebst ruhig und sicher durch die Wolken und denkst: Meine Arme sind ganz schwer.

Nach einiger Zeit kannst du unter deinem Flugzeug zuerst den Ozean, das große Meer sehen. Du siehst Schiffe und Boote, die so klein wie Spielzeugschiffe sind. Jetzt kannst du auch schon den großen roten Kontinent Australien erkennen. Du erblickst flaches Land, Flüsse, Häuser und Straßen. Langsam landet dein Flugzeug im Norden von Australien. Du steigst aus deinem Flugzeug und ein Aborigine, ein Ureinwohner Australiens, begrüßt dich. Du steigst in seinen Jeep, der dich zu einem Boot bringt. Die Sonne scheint, der Himmel ist blau. Du machst es dir im Boot gemütlich. Das Boot gleitet sanft durch die Flusslandschaft. Es geht vorbei an Lotusblumen, auf denen sich der so genannte Christusvogel fortbewegt. Es ist lustig, ihm beim Laufen über die großen Lotusblätter zuzusehen. Am Ufer kannst du weiße Silberreiher erkennen. In den Ästen der Bäume sitzen Weißkopfadler. Du spürst die Wärme der Sonne. Du merkst es zuerst an deinen Armen.

Du merkst:

Mein rechter Arm ist ganz warm.
Mein rechter Arm ist ganz warm.

Auch bei deinem linken Arm stellst du fest:

Mein linker Arm ist ganz warm.
Mein linker Arm ist ganz warm.

Zum Schluss merkst du, dass deine beiden Arme ganz warm geworden sind. Du merkst und denkst: Meine beiden Arme sind ganz warm.

Du blickst ans Ufer des Flusses, wo sich etwas bewegt. Dein Tagesbegleiter erklärt dir, dass es ein Krokodil sein könnte. Er fährt mit dem Boot nahe ans Ufer, wo du das meterlange Süßwasserkrokodil erblicken kannst. Es verschwindet lautlos im Wasser. Das Boot gleitet weiter den

Fluss entlang, eine Entenfamilie schwimmt vorbei. Wieder steuert dein Begleiter das Ufer an, wo mehrere Krokodile sich im Schatten eines Baumes aufhalten. Es ist spannend, vom sicheren Boot aus die Krokodile am Yellow Water zu beobachten. Nach einiger Zeit wendet das Boot. Dein Begleiter bringt dich mit dem Boot zur Einstiegsstelle zurück. Es ist Zeit, wieder zum Flugzeug zurückzukehren. Du verabschiedest dich von deinem Tagesbegleiter und versprichst ihm, wiederzukommen und mit ihm ein gefährliches Salzwasserkrokodil zu fangen."

[Rücknahme:]

„Du fliegst mit deinem Flugzeug ins Hier und Jetzt zurück und du denkst: Ich bin ganz ruhig und meine Arme sind ganz schwer und warm.

Es ist schön, so durch die Wolken zu fliegen und wenn ich jetzt gleich von 10 bis 0 zähle, kehrst du langsam, in deinem Tempo, hierher zurück.

Zehn: Du kehrst ins Hier und Jetzt zurück.

Neun: Du fühlst dich ruhig und zufrieden.

Acht: Du wirst langsam wach.

Sieben: Du spürst die angenehme Ruhe, Schwere und Wärme.

Sechs: Es macht dir Freude, mit deinem Flugzeug durch die Welt zu fliegen.

Fünf: Du atmest ruhig und regelmäßig.

Vier: Du kannst dich entspannen.

Drei: Bewege deine Finger und strecke deine Arme in die Höhe und nach vorne.

Zwei: Atme tief ein und aus und wiederhole es noch einmal.

Eins: Schließe langsam deine inneren Augen und öffne deine äußeren Augen, wenn du sie geschlossen gehalten hast.

Null: Du bist wieder da und fühlst dich entspannt und zufrieden."

Fragen zur Fantasiereise:

- Wohin hat dich die Reise diesmal geführt?
- Wie hat dir die Reise gefallen?
- Was hast du dir von der Reise gemerkt?
- Konntest du die Schwere, Wärme und Ruhe spüren und wenn ja, wo im Körper?
- Wie fühlst du dich jetzt?

ÜBUNGSBLATT 1: »GITTERTIER«

Zeichne dieses Tier noch einmal unten in das Gitternetz.

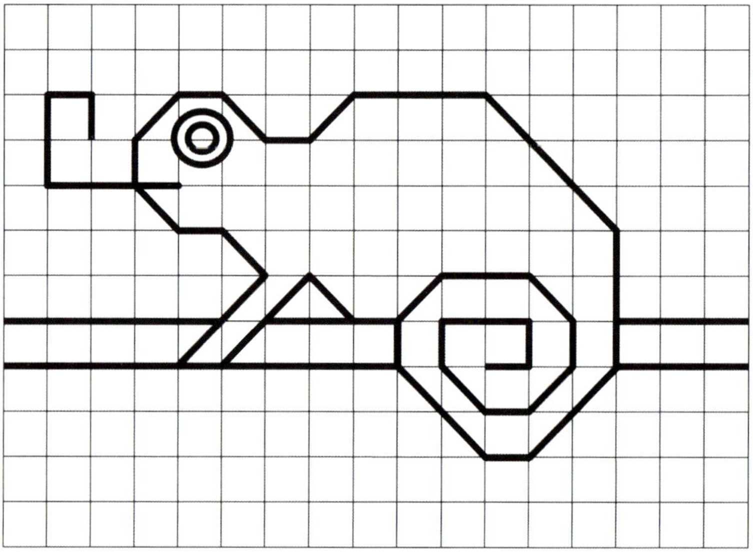

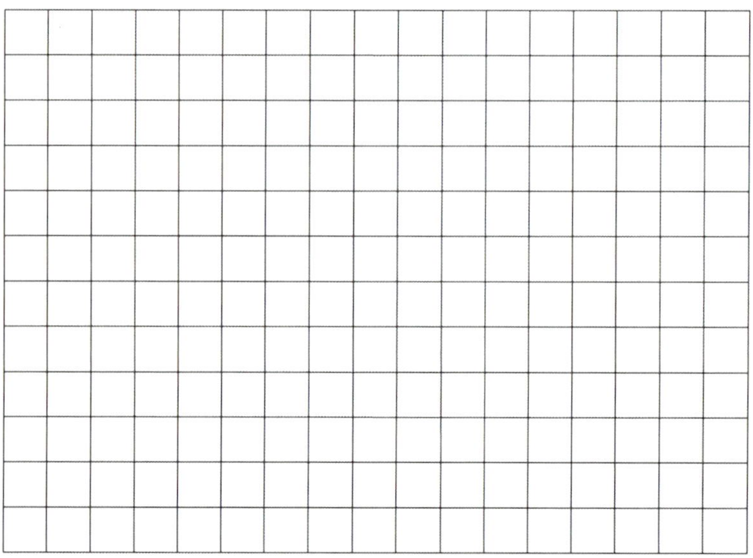

ÜBUNGSBLATT 2: »MUSTER FORTSETZEN«

Setze die Zeilen fort.

Nach: „Konzentration kinderleicht" 4. VS © J&V, Wien

ÜBUNGSBLATT 3: »VOGEL ANMALEN«

Male die Federn an!

 rot

 grün

 blau

Bemale den Rest,
wie du möchtest!

Aus: „Konzentration kinderleicht“ 4. VS, © J&V, Wien

Fünfte Trainingsstunde

Worum geht es?

Ich lerne genau hinzuhören und mich zu loben.

- Diesmal geht es um das „genaue Hinhören“, indem z.B. Töne und Geräusche erkannt werden müssen. Auch die positive Selbstbekräftigung wird weitergeübt.

Was brauchen wir?

- Stimmungsthermometer
- Die Texte und Übungen der fünften Trainingsstunde
- Verschiedene Instrumente und Gegenstände, die Geräusche machen
- Wenn PC vorhanden ev. Training nach Prof. Köhler: CD „Training der auditiven Ordnungsschwelle“ (siehe Anhang)
- 1 Konzentrationsspiel, z.B. Simile Serie, Schau Genau oder Differix
- Obststücke und ein Tuch zum Verbinden der Augen
- Das Belohnungsblatt (siehe S. 12 sowie Umschlag) und Klebepunkte
- 1 Gedächtnis- oder Geschicklichkeitsspiel, z.B. Smellory oder Tricky Golf

Ablauf der fünften Trainingsstunde	Was brauche ich?
1. Stimmungsthermometer: Stimmungslage und Befindlichkeit beim Kind klären: „Wie fühlst du Dich momentan?" Einstellen der Stimmung von 0 - 10.	Stimmungsthermometer und Büroklammer
2. Entspannungsphase: Durchführung einer angeleiteten Fantasiereise zu den Felszeichnungen am Urbirr. Alternativ: Progressive Muskelentpannung (PME) Anschließend Fragen zur Entspannungsübung stellen.	Entspannungsssessel, ev. CD und Player Fantasiereise, S. 53 PME siehe zweite Trainingsstunde
3. Übungsphase: Lesen Sie das Übungsblatt und legen Sie die Instrumente und Gegenstände bereit, ohne dass Ihr Kind sie sieht. Wenn Ihr Kind ein Geräusch richtig erkannt hat, soll es sich selbst loben: „Das habe ich gut gemacht."	Übungsblatt 1, S. 56 Übungsblatt 2, S. 57 Instrumente Gegenstände, die Geräusche machen
Wahlweise kann auch das PC-Training der auditiven Ordnungsschwelle nach Prof. Köhler stattfinden.	PC, CD nach Prof. Köhler
Danach wählen Sie ein Konzentrationsspiel.	z.B. Simile Serie, Schau Genau oder Differix (1 Tafel)
4. Schmecken: Verbinden Sie Ihrem Kind mit einem Tuch die Augen. Geben Sie ihm nun die Obststücke, die es „erschmecken" soll. Selbstlob nicht vergessen!	Obststücke, Tuch
5. Belohnungsphase: Punkte vergeben und das Kind loben: „Das hast du super gemacht!"	Belohnungsblatt (Umschlag) Klebepunkte
6. Freiwilliges Üben während der Woche: Zuhören und Nacherzählen	Übungsblatt 3, S. 58 Zusatzpunkt
7. Erholungsphase: Das Kind darf ein Gedächtnis- oder Geschicklichkeitsspiel wählen.	z.B. Smellory oder Tricky Golf

Anmerkungen zur Trainingsstunde:

MATERIALIEN FÜR DIE FÜNFTE TRAININGSSTUNDE

Fantasiereise nach Australien zu den Felszeichnungen am Urbirr

„Lege oder setze dich gemütlich in deinen Entspannungssessel und versuche, deine Augen zu schließen. Wenn du deine Augen nicht geschlossen halten kannst, dann fixiere einen Punkt an der Zimmerdecke oder am Boden und lasse dich nicht ablenken. Mache es dir noch ein wenig gemütlicher. (Lausche der Musik.)

Heute steigst du wieder in dein Flugzeug, welches dich weit weg auf eine Traumreise mitnimmt. Du schließt die Tür des Flugzeugs, setzt dich in einen bequemen Sessel und schnallst dich an. Du fühlst dich sicher und geborgen. Deine äußeren Augen schließen sich langsam und du öffnest deine inneren Augen. Ich zähle jetzt gleich von 10 bis 1 zurück und du fühlst dich immer gelöster und entspannter. Du fühlst dich sicher und ruhig.

Zehn: Du hast deine äußeren Augen geschlossen.
Neun: Du entspannst dich.
Acht: Du vergisst alles um dich herum.
Sieben: Du atmest ruhig und regelmäßig.
Sechs: Du fühlst dich sicher und ganz ruhig.
Fünf: Du merkst: Meine Arme sind ganz ruhig.

Vier: Auch bei deinen Beinen stellst du fest:
Meine Beine sind ganz ruhig.

Drei: Du fühlst dich sicher und ruhig.

Zwei: Du kannst sehr gut abschalten.
Nichts stört dich mehr.

Eins: Du bist jetzt startklar für deine
Traumreise mit dem Flugzeug.

Stelle dir vor, dass du mit deinem Flugzeug eine Traumreise nach Australien machst.

Du liegst bzw. sitzt in deinem Flugzeug und schwebst durch die Wolken. Dabei fühlst du dich sicher und ruhig. Und während du durch die Luft schwebst, merkst du, dass dein Körper auf eine angenehme Art und Weise ganz schwer und entspannt wird. Du merkst es zuerst bei deinen Armen.

Du merkst:

Mein rechter Arm ist ganz schwer.
Mein rechter Arm ist ganz schwer.

Auch bei deinem linken Arm stellst du fest:

Mein linker Arm ist ganz schwer.
Mein linker Arm ist ganz schwer.

Du schwebst ruhig und sicher durch die Wolken und denkst: Meine Arme sind ganz schwer.

Nach einiger Zeit kannst du unter deinem Flugzeug zuerst den Ozean, das große Meer sehen. Du siehst Schiffe und Boote, die so klein wie Spielzeugschiffe sind. Jetzt kannst du auch schon den großen roten Kontinent Australien erkennen. Du erblickst flaches Land, Flüsse, Häuser und Straßen. Langsam landet dein Flugzeug im Norden von Australien. Du steigst aus deinem Flugzeug und du findest ein Blatt Papier, auf dem du Zeichnungen von Tieren und Menschen erkennen kannst. Auf dem Papier befindet sich auch ein Plan. Du machst dich nun auf den Weg zu den Felsen von Urbirr und dem Nourlangie Rock. Der Weg schlängelt sich zwischen Büschen, Spinifexgras, Eukalyptus- und Mangobäumen orangerot in Richtung großer Felsen. Die Sonne scheint und du spürst ihre Wärme. Du merkst es zuerst an deinen Armen.

Du merkst:

Mein rechter Arm ist ganz warm.
Mein rechter Arm ist ganz warm.

Auch bei deinem linken Arm stellst du fest:

Mein linker Arm ist ganz warm.
Mein linker Arm ist ganz warm.

Zum Schluss merkst du, dass deine beiden Arme ganz warm geworden sind. Du merkst und denkst: Meine beiden Arme sind ganz warm.

Du bist nun bei den Zeichnungen auf den Felswänden angelangt. Hier kannst du die einfachen Menschen- und Tierdarstellungen der Eingeborenen, der Aborigines, sehen, die sie vor tausenden von Jahren auf die Felswände gezeichnet haben. Dein Begleiter erklärt dir die Bedeutung der Zeichnungen. Du kannst den Donnergott sehen, der seine Blitze in die Gegend schleudert und es dadurch regnen lässt. Das

Wasser war für die Menschen damals – und ist auch heute – überlebenswichtig. Nun klettert ihr über viele Felsen weiter in die Höhe, bis ihr eine Plattform erreicht. Von hier hast du eine wunderbare Aussicht über das Land unter dir. In der Ferne erblickst du große Berge und unter dir Gras- und Sumpflandschaft. Alles um dich herum ist still, nur ein leichter Windhauch streift deinen Körper. Am liebsten würdest du hier noch lange sitzen und in die Ferne blicken, aber du musst zu deinem Flugzeug zurück."

[Rücknahme:]

„Du kletterst die Felsen hinunter und gehst den weiten Weg zurück zum Flieger. Dabei fühlst du dich ruhig und zufrieden. Du denkst: Ich bin ganz ruhig und meine Arme sind ganz schwer und warm.

Du steigst in dein Flugzeug, welches dich wieder ins Hier und Jetzt zurückbringt. Du machst es dir in deinem Sessel bequem und du denkst: Ich bin ganz ruhig und meine Arme sind ganz schwer und warm.

Zehn: Du kehrst ins Hier und Jetzt zurück.

Neun: Du fühlst dich ruhig und zufrieden.

Acht: Du wirst langsam wach.

Sieben: Du spürst die angenehme Ruhe, Schwere und Wärme.

Sechs: Es macht dir Freude, mit deinem Flugzeug durch die Welt zu fliegen.

Fünf: Du atmest ruhig und regelmäßig.

Vier: Du kannst dich entspannen.

Drei: Bewege deine Finger und strecke deine Arme in die Höhe und nach vorne.

Zwei: Atme tief ein und aus und wiederhole es noch einmal.

Eins: Schließe langsam deine inneren Augen und öffne deine äußeren Augen, wenn du sie geschlossen gehalten hast.

Null: Du bist wieder da und fühlst dich entspannt und zufrieden."

Fragen zur Fantasiereise:

- Wohin hat dich die Reise diesmal geführt?
- Wie hat dir die Reise gefallen?
- Was hast du dir von der Reise gemerkt?
- Konntest du die Schwere, Wärme und Ruhe spüren und wenn ja, wo im Körper?
- Wie fühlst du dich jetzt?

ÜBUNGSBLATT 1: »TÖNE«

Töne hören und erkennen

- Bei allen Hörübungen gilt: Das Kind soll nicht zusehen!
- Spielen Sie auf der Flöte oder einem anderen Instrument einen Ton. Das Kind soll erraten, aus welcher Richtung der Ton kommt, ob es ein hoher oder tiefer Ton, ein kurzer oder langer Ton ist.
- Spielen Sie auf einem Xylophon oder anderem Instrument einen oder mehrere Töne: Das Kind soll wieder erraten, ob es ein hoher oder tiefer Ton ist und woher der Ton kommt.
- Schlagen Sie auf Klangstäben, Trommel, Triangel, Rassel, Klangschale etc. einen Ton: Das Kind soll erraten, aus welcher Richtung der Ton kommt und von welchem Instrument der Ton stammt.
- Wenn Sie es beherrschen, spielen Sie ein Kinderlied auf einem Instrument: Das Kind soll erraten, welches Lied gespielt wurde.
- Wenn Ihr Kind ein Geräusch richtig erkannt hat, soll es sich selbst loben: „Das habe ich gut gemacht."

ÜBUNGSBLATT 2: »GERÄUSCHE«

Geräusche hören und erkennen

- Bei allen Hörübungen gilt: Das Kind soll nicht zusehen!
- Das Kind soll mit verschiedenen unterschiedlichen Geräuschen, Tönen und Klängen vertraut werden, sie erkennen und zuordnen können.
- Geräusche lassen sich wie folgt erzeugen: Wasser rinnen lassen, Papier zerknüllen, reißen oder schneiden, auf verschiedene Gegenstände aus Holz, Metall, Glas, Kunststoff usw. klopfen, verschiedene Instrumente vorspielen, schlagen, zupfen, blasen, ...
- Auch mit den Händen, dem Mund, den Beinen lassen sich Geräusche erzeugen, wie z.B. in die Hände klatschen, pfeifen, auf einem Bein hüpfen usf.
- Geräusche mit Schulgegenständen: Bleistift, Filzstift, Buch, Heft, Gummi, Spitzer usf.
- Geräusche im Zimmer: Fenster und Türen öffnen und schließen, Lichtschalter bedienen, Schlüssel drehen, Kastentüre öffnen, Schubladen herausziehen etc.
- Nach jedem Geräusch soll das Kind erkennen, woher es stammt, was es verursacht und wo es herkommt. Das Gehörte soll vom Kind sprachlich richtig wiedergegeben werden. Die exakten sprachlichen Ausdrücke dienen der Wortschatzerweiterung. Wenn Ihr Kind ein Geräusch richtig erkannt hat, soll es sich selbst loben: „Das habe ich gut gemacht."
- Weiterer Schwierigkeitsgrad beim Erkennen von Geräuschen:
  - Anzahl der Geräusche steigern
  - Geräuschunterschiede verringern
- Weitere Möglichkeiten im Umgang mit Geräuschen:
  - Gesetzmäßigkeiten klopfen lassen, z.B. zweimal die Trommel, einmal die Klangschale, zweimal die Trommel, einmal die Klangschale. Das Kind soll die Serie fortsetzen. Serien variieren: Was fehlt bei der Wiederholung? Was ist dazugekommen?
  - Das Kind macht eine Tierstimme nach. (Wird in der Gruppe geübt: Alle Kinder machen gleichzeitig eine Tierstimme nach. Kinder, die dasselbe Tier gewählt haben, suchen sich und bilden eine Gruppe.)

ÜBUNGSBLATT 3: »ZUHÖREN UND NACHERZÄHLEN«

Eine kurze Geschichte aus dem Lesebuch oder einem Kinderbuch bzw. der Text unten wird laut vorgelesen. Das Kind hört zu. Dann werden Fragen zum Text gestellt und überprüft, ob das Kind etwas behalten hat. Oder lassen Sie das Vorgelesene vom Kind nacherzählen.

Die Termitenbauten im Norden von Australien

Langsam landet das Flugzeug in Darwin, an der Nordküste von Australien. Susi und ihre Eltern steigen aus dem Flugzeug und begrüßen ihren Reiseleiter Jimmy. Gemeinsam besuchen sie heute die Termitenbauten in der Nähe der Stadt. Susi ist schon sehr neugierig, diese großen und kleinen Gebilde und Bauten kennen zu lernen. Die Familie und Jimmy fahren mit einem Bus zur Stadt der Termitenbauten. Susi ist fasziniert von den braunen Erdhügeln, die diese Ameisen meterhoch und kunstvoll aufgetürmt haben. Im Inneren dieser Bauten gibt es Gänge und Höhlen und es ist hier angenehm kühl. Einige Türme werden von den Termiten nicht mehr bewohnt, in anderen können die Besucher die Termiten bei ihrer Arbeit beobachten. Es sind Millionen von Tieren. Jimmy erzählt, dass Termiten ein Holzhaus innerhalb kurzer Zeit zum Einsturz bringen können. Vor dem größten Turm lässt sich Susi fotografieren und dann geht es wieder zurück zum Bus.

Sechste Trainingsstunde

Worum geht es?

Ich lerne genau hinzuhören und mich zu loben. 2. Teil

- Das „genaue Hinhören“ wird weitergeübt, diesmal durch Nacherzählen und Training mit Wörtern. Das Selbstlob wird auch hier wieder angewendet.

Was brauchen wir?

- Stimmungsthermometer
- Die Texte und Übungen der sechsten Trainingsstunde
- Lese- oder Kinderbuch
- Wenn PC vorhanden ev. Training nach Prof. Köhler: CD „Training der auditiven Ordnungsschwelle“ (siehe Anhang)
- Tuch zum Verbinden der Augen
- Duftproben z.B. Parfum, Kaffee, Obst, Duftöle, Gewürze, Blumen ...
- 1 Konzentrationsspiel, z.B. Simile Serie, Schau Genau oder Differix
- Das Belohnungsblatt (siehe S. 12 sowie Umschlag) und Klebepunkte
- 1 Gedächtnis-, Geschicklichkeits- oder Wahrnehmungsspiel, z.B. Smellory, Tricky Golf (Walter ab 10 Jahren), Lingo Cards

Ablauf der sechsten Trainingsstunde	Was brauche ich?
1. Stimmungsthermometer: Stimmungslage und Befindlichkeit beim Kind klären: „Wie fühlst du Dich momentan?" Einstellen der Stimmung von 0 - 10.	Stimmungsthermometer und Büroklammer
2. Entspannungsphase: Durchführung einer angeleiteten Fantasiereise zu den Fischen am Great Barriere-Riff vor Australien oder Progressive Muskelentspannung (PME). Anschließend Fragen zur Entspannungsübung stellen.	Entspannungssessel, ev. CD und Player Fantasiereise, S. 61 PME siehe zweite Trainingsstunde
3. Übungsphase: Besprechung der Übungen und Wiederholung des Einsatzes von Selbstlob wie „Das hab ich gut gemacht!"	
Geschichten nacherzählen: Lesen Sie Ihrem Kind eine Geschichte aus dem Lesebuch oder einem Kinderbuch vor und lassen Sie es nacherzählen.	Lese- oder Kinderbuch
Übungsblatt mit detailreichem Bild: Das Kind soll sich die Details so genau einprägen, dass es das Bild auswendig nachzeichnen könnte. Lassen Sie sich das Bild in allen Einzelheiten beschreiben.	Übungsblatt 1, S. 64
Wahlweise kann auch das PC-Training der auditiven Ordnungsschwelle nach Prof. Köhler stattfinden.	PC, CD nach Prof. Köhler
Danach wählen Sie ein Konzentrationsspiel.	z.B. Simile Serie (neue Tafel), Schau Genau, Differix (1 Tafel)
4. Riechen: Verbinden Sie Ihrem Kind mit einem Tuch die Augen. Lassen Sie es nun an den Duftproben riechen. Die Gerüche sollen erkannt und richtig benannt werden. Selbstlob!	Duftproben, Tuch
5. Belohnungsphase: Punkte vergeben und das Kind loben: „Das hast du super gemacht!"	Belohnungsblatt (Umschlag) Klebepunkte
6. Freiwilliges Üben während der Woche: z. B. mit Spielen oder PC-Übungen	Spiele, PC-Übungen Zusatzpunkt
7. Erholungsphase: Das Kind darf ein Gedächtnis- oder Geschicklichkeitsspiel wählen.	z.B. Smellory oder Tricky Golf (Walter für Ältere), Lingo Cards

Anmerkungen zur Trainingsstunde:

MATERIALIEN FÜR DIE SECHSTE TRAININGSSTUNDE

Fantasiereise nach Australien zu den Fischen am Great Barriere-Riff

„Lege oder setze dich gemütlich in deinen Entspannungssessel und versuche, deine Augen zu schließen. Wenn du deine Augen nicht geschlossen halten kannst, dann fixiere einen Punkt an der Zimmerdecke oder am Boden und lasse dich nicht ablenken. Mache es dir noch ein wenig gemütlicher. (Lausche der Musik.)

Heute steigst du wieder in dein Flugzeug, welches dich weit weg auf eine Traumreise mitnimmt. Du schließt die Tür des Flugzeugs, setzt dich in einen bequemen Sessel und schnallst dich an. Du fühlst dich sicher und geborgen. Deine äußeren Augen schließen sich langsam und du öffnest deine inneren Augen. Ich zähle jetzt gleich von 10 bis 1 zurück und du fühlst dich immer gelöster und entspannter. Du fühlst dich sicher und ruhig.

Zehn: Du hast deine äußeren Augen geschlossen.

Neun: Du entspannst dich.

Acht: Du vergisst alles um dich herum.

Sieben: Du atmest ruhig und regelmäßig.

Sechs: Du fühlst dich sicher und ganz ruhig.

Fünf: Du merkst: Meine Arme sind ganz ruhig.

Vier: Auch bei deinen Beinen stellst du fest:
Meine Beine sind ganz ruhig.
Drei: Du fühlst dich sicher und ruhig.
Zwei: Du kannst sehr gut abschalten.
Nichts stört dich mehr.
Eins: Du bist jetzt startklar für deine
Traumreise mit dem Flugzeug.

Stelle dir vor, dass du mit deinem Flugzeug eine Traumreise nach Australien machst.

Du liegst bzw. sitzt in deinem Flugzeug und schwebst durch die Wolken. Dabei fühlst du dich sicher und ruhig. Und während du durch die Luft schwebst, merkst du, dass dein Körper auf eine angenehme Art und Weise ganz schwer und entspannt wird. Du merkst es zuerst bei deinen Armen.

Du merkst:

Mein rechter Arm ist ganz schwer.
Mein rechter Arm ist ganz schwer.

Auch bei deinem linken Arm stellst du fest:

Mein linker Arm ist ganz schwer.
Mein linker Arm ist ganz schwer.

Du schwebst ruhig und sicher durch die Wolken und denkst: Meine Arme sind ganz schwer.

Nach einiger Zeit kannst du unter deinem Flugzeug zuerst den Ozean, das große Meer sehen. Du siehst Schiffe und Boote, die so klein wie Spielzeugschiffe sind. Jetzt kannst du auch schon den großen roten Kontinent Australien erkennen. Du erblickst flaches Land, Flüsse, Häuser und Straßen. Langsam landet dein Flugzeug im Osten von Australien in Cairns/North Queensland. Du kletterst aus deinem Flugzeug und siehst vor dir den blauen Pazifik, den goldenen Sandstrand und die Palmen, die leise im Wind hin- und herschaukeln. Dein Tagesbegleiter begrüßt dich und bringt dich zu einem großen Katamaran. Du steigst in das Schiff, welches dich zum großen Riff vor der Küste Australiens bringen soll. Der Fahrtwind lässt deine Haare im Wind flattern, die Sonne scheint und du spürst ihre Wärme. Du merkst es zuerst an deinen Armen.

Du merkst:

Mein rechter Arm ist ganz warm.
Mein rechter Arm ist ganz warm.

Auch bei deinem linken Arm stellst du fest:

Mein linker Arm ist ganz warm.
Mein linker Arm ist ganz warm.

Zum Schluss merkst du, dass deine beiden Arme ganz warm geworden sind. Du merkst und denkst: Meine beiden Arme sind ganz warm.

Du bist nun am großen Riff angelangt. Du steigst aus dem Katamaran und schlüpfst in einen Taucheranzug. Du fühlst dich in ihm sicher und geschützt. Zusammen mit deinem Begleiter schwimmst du im warmen Meer zum Riff hinaus. Ein Rettungsring begleitet euch. Dein Begleiter taucht zum Felsenriff hinunter und bringt dir eine große, gelbschwarze Seegurke

zum Angreifen. Dann fischt er noch einen roten Seestern und eine weiße, abgestorbene Koralle aus dem Wasser. Du schwimmst ruhig und sicher mit deinem Begleiter im Wasser und beobachtest die vielen bunten Korallenfische, die mit euch schwimmen. Auch ein großer Napoleonfisch mit einem Begleitfisch ziehen neben euch her. Du versuchst, den Napoleonfisch Wally zu berühren. Er fühlt sich glitschig an. Langsam schwimmt ihr wieder zur Taucherbasis zurück. Du freust dich, dass dein Flugzeug auf einer Plattform im Meer gelandet ist. So brauchst du nicht mehr mit dem Katamaran ans Land zurückzufahren. Du steigst aus deinem Taucheranzug und verabschiedest dich von deinem freundlichen Tagesbegleiter."

[Rücknahme:]

„Ein Boot bringt dich zu deinem Flugzeug. Du steigst in deinen Flieger, welcher dich wieder ins Hier und Jetzt zurückbringt. Du machst es dir in deinem Sessel bequem und du denkst: Ich bin ganz ruhig und meine Arme sind ganz schwer und warm.

Es ist schön, über dem Riff und später durch die Wolken zu schweben, und wenn ich jetzt gleich von 10 bis 0 zähle, kehrst du langsam hierher zurück.

Zehn: Du kehrst ins Hier und Jetzt zurück.

Neun: Du fühlst dich ruhig und zufrieden.

Acht: Du wirst langsam wach.

Sieben: Du spürst die angenehme Ruhe, Schwere und Wärme.

Sechs: Es macht dir Freude, mit deinem Flugzeug durch die Welt zu fliegen.

Fünf: Du atmest ruhig und regelmäßig.

Vier: Du kannst dich entspannen.

Drei: Bewege deine Finger und strecke deine Arme in die Höhe und nach vorne.

Zwei: Atme tief ein und aus und wiederhole es noch einmal.

Eins: Schließe langsam deine inneren Augen und öffne deine äußeren Augen, wenn du sie geschlossen gehalten hast.

Null: Du bist wieder da und fühlst dich entspannt und zufrieden."

Fragen zur Fantasiereise:

- Wohin hat dich die Reise diesmal geführt?
- Wie hat dir die Reise gefallen?
- Was hast du dir von der Reise gemerkt?
- Konntest du die Schwere, Wärme und Ruhe spüren und wenn ja, wo im Körper?
- Wie fühlst du dich jetzt?

ÜBUNGSBLATT 1: »BILDBESCHREIBUNG«

Achte darauf, wo sich der große Baum, die Sonne und die Tiere befinden (links, rechts, oben, unten) und beschreibe das Bild so, dass ich es auswendig nachzeichnen könnte.

Siebente Trainingsstunde

Worum geht es?

Ich lerne „Stopp" zu sagen und zu kontrollieren.

- Einführung und Einübung der „Stopptechnik" mit der Stoppkarte. Die Reaktionszeitverzögerung wird auch im Spiel angewendet.

Was brauchen wir?

- Stimmungsthermometer
- Die Texte und Übungen der siebenten Trainingsstunde
- Für die Stoppkarte: Karton und Stifte
- 1 Konzentrationsspiel, z.B. Simile Serie, Schau Genau oder Differix
- Das Belohnungsblatt (siehe S. 12 sowie Umschlag) und Klebepunkte
- 1 Gedächtnis- oder Geschicklichkeitsspiel, z.B. Tricky Golf, Walter

Ablauf der siebenten Trainingsstunde	Was brauche ich?
1. Stimmungsthermometer: Stimmungslage und Befindlichkeit beim Kind klären: „Wie fühlst du Dich momentan?" Einstellen der Stimmung von 0 - 10.	Stimmungsthermometer und Büroklammer
2. Entspannungsphase: Durchführung einer angeleiteten Fantasiereise zur größten Sandinsel der Welt. Alternativ: Progressive Muskelentspannung (PME). Anschließend Fragen zur Entspannungsübung stellen.	Entspannungssessel, ev. CD und Player Fantasiereise, S. 67 PME siehe zweite Trainingsstunde
3. Vorstellung der Stopptechnik: Lesen Sie die Anleitung zur Stoppkarte. Basteln Sie mit Ihrem Kind eine Stoppkarte.	Vorlage „Stoppkarte", S. 71 Karton, Stifte
4. Übungsphase: Einsatz der Stoppkarte durch die Mutter/den Vater. Diktieren Sie Ihrem Kind den Text „Grusel hat Geburtstag" und setzen Sie immer wieder die Stoppkarte ein. Das Kind soll innehalten und das Geschriebene überprüfen! Danach wählen Sie ein Konzentrationsspiel. Setzen Sie auch hier die Stoppkarte ein und lassen Sie Ihr Kind die Übung überprüfen.	Stoppkarte Text „Grusel hat Geburtstag", S. 72 z.B. Simile Serie, Schau Genau oder Differix
5. Belohnungsphase: Punkte vergeben und das Kind loben: „Das hast du super gemacht!"	Belohnungsblatt (Umschlag) Klebepunkte
6. Freiwilliges Üben während der Woche: Das Kind kann eine Übung oder ein Spiel wählen. Stoppkarte einsetzen!	Spiele, Übungen Stoppkarte Zusatzpunkt
7. Erholungsphase: Das Kind darf ein Gedächtnis- oder Geschicklichkeitsspiel wählen. Stoppkarte einsetzen!	z.B. Tricky Golf oder Walter Stoppkarte

Anmerkungen zur Trainingsstunde:

MATERIALIEN FÜR DIE SIEBENTE TRAININGSSTUNDE

Fantasiereise nach Australien zur größten Sandinsel der Welt – nach Fraser Island

„Lege oder setze dich gemütlich in deinen Entspannungssessel und versuche, deine Augen zu schließen. Wenn du deine Augen nicht geschlossen halten kannst, dann fixiere einen Punkt an der Zimmerdecke oder am Boden und lasse dich nicht ablenken. Mache es dir noch ein wenig gemütlicher. (Lausche der Musik.)
Heute steigst du wieder in dein Flugzeug, welches dich weit weg auf eine Traumreise mitnimmt. Du schließt die Tür des Flugzeugs, setzt dich in einen bequemen Sessel und schnallst dich an. Du fühlst dich sicher und geborgen. Deine äußeren Augen schließen sich langsam und du öffnest deine inneren Augen. Ich zähle jetzt gleich von 10 bis 1 zurück und du fühlst dich immer gelöster und entspannter. Du fühlst dich sicher und ruhig.

Zehn: Du hast deine äußeren Augen geschlossen.
Neun: Du entspannst dich.
Acht: Du vergisst alles um dich herum.
Sieben: Du atmest ruhig und regelmäßig.
Sechs: Du fühlst dich sicher und ganz ruhig.
Fünf: Du merkst: Meine Arme sind ganz ruhig.

Vier: Auch bei deinen Beinen stellst du fest: Meine Beine sind ganz ruhig.

Drei: Du fühlst dich sicher und ruhig.

Zwei: Du kannst sehr gut abschalten. Nichts stört dich mehr.

Eins: Du bist jetzt startklar für deine Traumreise mit dem Flugzeug.

Stelle dir vor, dass du mit deinem Flugzeug eine Traumreise nach Australien machst.

Du liegst bzw. sitzt in deinem Flugzeug und schwebst durch die Wolken. Dabei fühlst du dich sicher und ruhig. Und während du durch die Luft schwebst, merkst du, dass dein Körper auf eine angenehme Art und Weise ganz schwer und entspannt wird. Du merkst es zuerst bei deinen Armen.

Du merkst:

Mein rechter Arm ist ganz schwer.
Mein rechter Arm ist ganz schwer.

Auch bei deinem linken Arm stellst du fest:

Mein linker Arm ist ganz schwer.
Mein linker Arm ist ganz schwer.

Du schwebst ruhig und sicher durch die Wolken und denkst: Meine Arme sind ganz schwer.

Nach einiger Zeit kannst du unter deinem Flugzeug zuerst den Ozean, das große Meer sehen. Du siehst Schiffe und Boote, die so klein wie Spielzeugschiffe sind. Jetzt kannst du auch schon den großen roten Kontinent Australien erkennen. Du erblickst flaches Land, Flüsse, Häuser und Straßen. Langsam landet dein Flugzeug im Osten von Australien. Du kletterst aus deinem Flieger und vor dir liegt wieder der blaue Pazifik mit seinen kilometerlangen Sandstränden. Dein Tagesbegleiter begrüßt dich schon gut gelaunt und bringt dich zu einem Schiff. Du steigst auf das Schiff, welches dich zur größten Sandinsel der Welt, nach Fraser Island, bringen wird. Der Fahrtwind lässt deine Haare im Wind flattern, die Sonne scheint und du spürst ihre Wärme. Du merkst es zuerst an deinen Armen.

Du merkst:

Mein rechter Arm ist ganz warm.
Mein rechter Arm ist ganz warm.

Auch bei deinem linken Arm stellst du fest:

Mein linker Arm ist ganz warm.
Mein linker Arm ist ganz warm.

Zum Schluss merkst du, dass deine beiden Arme ganz warm geworden sind. Du merkst und denkst: Meine beiden Arme sind ganz warm.

Du bist nun auf Fraser Island angekommen. Dort besteigst du einen kleinen Bus mit großen Rädern. Er wird dich und deinen Begleiter sicher durch den Sand der Insel fahren. Auf diesem Sand wachsen viele Arten von Eukalyptusbäumen, Büsche und Gräser. In der Mitte der Insel angekommen, kletterst du aus dem Bus und betrittst den Nationalpark. Auf befestigten Wegen geht ihr entlang eines glasklaren Baches zu der Stelle, wo die ältesten Farne der Welt wachsen.

Sie sind meterhoch und ragen in den Bach hinein. Du ziehst deine Schuhe aus und kühlst deine heißen Füße im kalten Wasser. Nach einiger Zeit kannst du die kleinen bunten Kolibrivögel hören und dann auch erblicken. Wieder beim Bus angekommen, bringt dieser euch zu einem langen Sandstrand, wo in der Nähe eines rostigen Schiffwracks bereits dein Flugzeug wartet."

[Rücknahme:]

„Du steigst in deinen Flieger, welcher dich wieder ins Hier und Jetzt zurückbringt. Du machst es dir in deinem Sessel bequem und du denkst: Ich bin ganz ruhig und meine Arme sind ganz schwer und warm.

Es ist schön, über Fraser Island und später durch die Wolken zu schweben, und wenn ich jetzt gleich von 10 bis 0 zähle, kehrst du langsam hierher zurück.

Zehn: Du kehrst ins Hier und Jetzt zurück.

Neun: Du fühlst dich ruhig und zufrieden.

Acht: Du wirst langsam wach.

Sieben: Du spürst die angenehme Ruhe, Schwere und Wärme.

Sechs: Es macht dir Freude, mit deinem Flugzeug durch die Welt zu fliegen.

Fünf: Du atmest ruhig und regelmäßig.

Vier: Du kannst dich entspannen.

Drei: Bewege deine Finger und strecke deine Arme in die Höhe und nach vorne.

Zwei: Atme tief ein und aus und wiederhole es noch einmal.

Eins: Schließe langsam deine inneren Augen und öffne deine äußeren Augen, wenn du sie geschlossen gehalten hast.

Null: Du bist wieder da und fühlst dich entspannt und zufrieden."

Fragen zur Fantasiereise:

- Wohin hat dich die Reise diesmal geführt?
- Wie hat dir die Reise gefallen?
- Was hast du dir von der Reise gemerkt?
- Konntest du die Schwere, Wärme und Ruhe spüren und wenn ja, wo im Körper?
- Wie fühlst du dich jetzt?

Informationsblatt zur Stopptechnik

Einführung der Stoppkarte vorlesen:

„Du erinnerst Dich an unsere Geschichte am Beginn des Trainings. Welche Probleme haben Mario und Sonja? Welche Empfehlungen hast Du ihnen gegeben?
Wir haben in den letzten Stunden geübt, wie man genau hinschaut und hinhört und wie man genau beschreibt. Heute üben wir **„Halt“** oder **„Stopp“** zu sagen.

- Hast Du schon einmal ein Stoppschild gesehen?
- Wo wird das Stoppsignal eingesetzt?
- Welche Bedeutung hat das Stoppsignal im Straßenverkehr?
- Man muss mit dem Fahrrad, dem Auto , ... stehen bleiben.
- Man macht also „Halt", bleibt stehen und blickt nach rechts und links.
  Wenn kein Fahrzeug oder Fußgänger kommt, kannst du weitergehen.
  Also bedeutet das Schild **„Stop“: Aufpassen!**
- Das Gleiche bedeutet auch die Stoppkarte, wenn wir hier mit ihr arbeiten.
  Du machst einige Sekunden lang Halt, wie ein Auto im Straßenverkehr.
  Worauf passt du auf, wenn du Halt machst?
  Stopp! Nachdenken!
  Stopp! Überprüfen, z.B. ob die Aufgabe richtig verstanden wurde.
  Stopp! Aufpassen, lieber die Aufgabe noch einmal durchschauen und durchgehen.
- Was nützt es, das Nachdenken, Überprüfen, Aufpassen? Du arbeitest genauer, überlegter, näher bei der Aufgabe, schaust noch einmal genau hin. In der Folge machst du weniger Fehler. Du bist somit zufriedener und freust dich, dass du keine oder weniger Fehler machst.“

Anwendung der Stoppkarte – so setzen Sie die Stoppkarte ein:
Das Kind schreibt ein Wort, einen Satz oder einen Absatz. Die Mutter oder der Vater zeigt die Stoppkarte, das Kind macht also Halt und kontrolliert und überprüft das Geschriebene Wort für Wort. In späteren Trainingsstunden setzt das Kind die Stoppkarte selbst ein.

Bastelvorlage:

Seite farbkopieren und auf Karton kleben.

Wenn kein Farbkopierer zur Verfügung, Tafel durchpausen und auf Karton übertragen.

Hinweis:

Da das Stoppschild ein Verkehrszeichen ist, das es auf der ganzen Welt gibt, wird hier „Stop" auf Englisch und daher nur mit einem p geschrieben.

ÜBUNGSBLATT 1: »DIKTAT«

Grusel hat Geburtstag

Die Turmuhr schlägt zwölfmal. Grusel, das kleine Gespenst, wacht auf und jubelt: „Heute habe ich Geburtstag!" Schnell schlüpft er in sein weißes Flatterhemd, putzt die schwarzen Zähne noch schwärzer und hüpft von der Turmuhr hinunter. Das kleine weiße Gespenst flattert wild durch die dunkle Nacht und sieht dabei aus wie eine große Fledermaus in Weiß.

„Ich bin 500 Jahre alt!", trällert es vor sich hin und weckt seine Geschwister und Eltern auf. „Alles Gute!", schallt es nun laut durch das Zimmer. Grusel möchte nun seine Geschenke sehen und ist ganz aufgeregt. „Wo sind meine Geschenke?", ruft er, aber Mama Gruselinchen meint, dass es noch viel zu früh dafür sei. Papa Grusel schnarcht lieber noch ein Weilchen. So flattert der kleine Grusel in den Schlosshof und ist ganz traurig, dass er noch keine Geschenke bekommen hat. Im Schlosshof trifft das kleine Gespenst auf den Wachhund Bello. „Bello, ich bin heute 500 Jahre alt!", singt Grusel so laut, dass der etwas schwerhörige Bello erschreckt aus seinen Hundeträumen hochfährt und laut zu bellen anfängt. Grusel setzt sich auf den alten Bello und reitet eine Runde durch den Schlosshof. „Danke, das war lustig!", freut sich das kleine Gespenst. Vom lauten Gebell werden auch die Tauben in den Fensternischen wach und gurren: „Alles Gute!". Da kommt Mama Gruselinchen und verbindet Grusel die Augen. Sie führt ihr kleines Gespenst zurück ins Schloss. Als sie Grusel das Tuch von den Augen nimmt, ist es plötzlich ganz hell im Thronsaal und alle Freunde, Verwandte und Bekannte lassen Grusel hochleben. Sie singen und tanzen und wirbeln Grusel durch die Luft. Hunderte kleiner und großer Gespenster flattern so herum. Als Geschenk bekommt Grusel einen blauen Leuchtschwanz, der nun in der Dunkelheit wie eine kleine Flamme leuchtet. Natürlich gibt es auch viele andere Geschenke, wie ein schneeweißes Pony, mit dem Grusel nun ausreiten kann, und einen Heuler, der tolle Musik von sich gibt.

Das kleine Gespenst ist glücklich: „So ein schöner Tag!", seufzt es und freut sich schon auf die nächsten 500 Jahre.

Achte Trainingsstunde

Worum geht es?

Ich lerne „Stopp“ zu sagen und zu kontrollieren.

- Einübung der Stopptechnik und Hinführung zu einer selbstständigen Reaktionsverzögerung anhand von Lesetexten, Spielen und Übungsblättern.

Was brauchen wir?

- Stimmungsthermometer
- Die Texte und Übungen der achten Trainingsstunde
- Stoppkarte
- Lesebuch
- 1 Konzentrationsspiel, z.B. Simile Serie, Differix oder Schau Genau
- Das Belohnungsblatt (siehe S. 12 sowie Umschlag) und Klebepunkte
- 1 Geschicklichkeitsspiele, z.B. Tricky Golf, Plitsch-Platsch Pinguin

Ablauf der achten Trainingsstunde	Was brauche ich?
1. Stimmungsthermometer: Stimmungslage und Befindlichkeit beim Kind klären: „Wie fühlst du Dich momentan?“ Einstellen der Stimmung von 0 - 10.	Stimmungsthermometer und Büroklammer
2. Entspannungsphase: Durchführung einer angeleiteten Fantasiereise zur Känguruinsel. Alternativ: Progressive Muskelentspannung (PME). Anschließend Fragen zur Entspannungsübung stellen.	Entspannungssessel, ev. CD und Player Fantasiereise, S. 75 PME siehe zweite Trainingsstunde
3. Vorstellung der selbstständigen Reaktionsverzögerung: Lesen Sie die Anleitung.	Anleitung, S. 78
4. Übungsphase: Einsatz der Stoppkarte durch das Kind. Lassen Sie dem Kind einen Lesetext vorlesen und es selbstständig die Stoppkarte einsetzen. Das Kind soll nach jedem kurzen Satz (bei längeren Sätzen nach jedem Beistrich) innehalten und das Gelesene überprüfen.	Stoppkarte Lesetext z.B. aus einem Schulbuch
Danach wählen Sie ein Konzentrationsspiel. Lassen Sie das Kind selbstständig die Stoppkarte einsetzen.	z.B. Simile Serie, Schau Genau oder Differix
5. Belohnungsphase: Punkte vergeben und das Kind loben: „Das hast du super gemacht!“	Belohnungsblatt (Umschlag) Klebepunkte
6. Freiwilliges Üben während der Woche: Das Kind kann ein Übungsblatt mit Rechenaufgaben ausfüllen und dabei alleine die Stoppkarte einsetzen.	Übungsblatt 1, S. 80 Stoppkarte, Bleistift Zusatzpunkt
7. Erholungsphase: Das Kind kann zwischen zwei Geschicklichkeitsspielen wählen.	z.B. Tricky Golf oder Plitsch-Platsch Pinguin

Anmerkungen zur Trainingsstunde:

MATERIALIEN FÜR DIE ACHTE TRAININGSSTUNDE

Fantasiereise nach Australien zur Känguruinsel

„Lege oder setze dich gemütlich in deinen Entspannungssessel und versuche, deine Augen zu schließen. Wenn du deine Augen nicht geschlossen halten kannst, dann fixiere einen Punkt an der Zimmerdecke oder am Boden und lasse dich nicht ablenken. Mache es dir noch ein wenig gemütlicher. (Lausche der Musik.)

Heute steigst du wieder in dein Flugzeug, welches dich weit weg auf eine Traumreise mitnimmt. Du schließt die Tür des Flugzeugs, setzt dich in einen bequemen Sessel und schnallst dich an. Du fühlst dich sicher und geborgen. Deine äußeren Augen schließen sich langsam und du öffnest deine inneren Augen. Ich zähle jetzt gleich von 10 bis 1 zurück und du fühlst dich immer gelöster und entspannter. Du fühlst dich sicher und ruhig.

Zehn: Du hast deine äußeren Augen geschlossen.

Neun: Du entspannst dich.

Acht: Du vergisst alles um dich herum.

Sieben: Du atmest ruhig und regelmäßig.

Sechs: Du fühlst dich sicher und ganz ruhig.

Fünf: Du merkst: Meine Arme sind ganz ruhig.

Vier: Auch bei deinen Beinen stellst du fest: Meine Beine sind ganz ruhig.

Drei: Du fühlst dich sicher und ruhig.
Zwei: Du kannst sehr gut abschalten.
Nichts stört dich mehr.
Eins: Du bist jetzt startklar für deine Traumreise mit dem Flugzeug.

Stelle dir vor, dass du mit deinem Flugzeug eine Traumreise nach Australien machst.

Du liegst bzw. sitzt in deinem Flugzeug und schwebst durch die Wolken. Dabei fühlst du dich sicher und ruhig. Und während du durch die Luft schwebst, merkst du, dass dein Körper auf eine angenehme Art und Weise ganz schwer und entspannt wird. Du merkst es zuerst bei deinen Armen.

Du merkst:

Mein rechter Arm ist ganz schwer.
Mein rechter Arm ist ganz schwer.

Auch bei deinem linken Arm stellst du fest:

Mein linker Arm ist ganz schwer.
Mein linker Arm ist ganz schwer.

Du schwebst ruhig und sicher durch die Wolken und denkst: Meine Arme sind ganz schwer.

Nach einiger Zeit kannst du unter deinem Flugzeug zuerst den Ozean, das große Meer sehen. Du siehst Schiffe und Boote, die so klein wie Spielzeugschiffe sind. Jetzt kannst du auch schon den großen roten Kontinent Australien erkennen. Du erblickst flaches Land, Flüsse, Häuser und Straßen. Langsam landet dein Flugzeug im Süden von Australien. Du kletterst aus deinem Flieger und vor dir liegt der Pazifik mit seinen Felsküsten und Sandstränden. Dein Begleiter begrüßt dich schon freudig und bringt dich zu einem kleinen Propellerflieger, der dich auf die berühmte Insel der Kängurus fliegen wird. Du steigst in das Flugzeug und es erhebt sich in Richtung Känguruinsel. Die aufgehende Sonne scheint in das Cockpit und du spürst ihre Wärme. Du merkst es zuerst an deinen Armen.

Du merkst:

Mein rechter Arm ist ganz warm.
Mein rechter Arm ist ganz warm.

Auch bei deinem linken Arm stellst du fest:

Mein linker Arm ist ganz warm.
Mein linker Arm ist ganz warm.

Zum Schluss merkst du, dass deine beiden Arme ganz warm geworden sind. Du merkst und denkst: Meine beiden Arme sind ganz warm.

Du bist nun auf der Känguruinsel angekommen. Dort besteigst du einen kleinen Bus, der dich und deinen Begleiter über die Insel fahren wird. Zuerst siehst du viele Büsche, Gräser und blühende Moospolster. Dann siehst du große Kängurus und kleinere Wallabys neben dem Straßenrand. Ein Känguru läuft neben dem Bus her. Du freust dich, dass du so viele Kängurus sehen kannst. Nach einer Weile kommt ihr zu den bekannten Koalabären, die auf großen Eukalyptusbäumen hängen. So viele Koalabären auf einem Fleck hast du noch nie gesehen. Einige

Bären tragen ihre Jungen auf dem Rücken. Nach den Koalabären bringt dich der Bus zu den Robben und Seelöwen an den Strand. Gemeinsam geht ihr vorsichtig durch die Kolonie der Robben und Seelöwen. Ein großer Seelöwe beginnt einen Kampf mit einem anderen, schwächeren Seelöwen. Da es gefährlich und laut wird, gehst du zusammen mit deinem Begleiter zurück zum Bus. Weiter geht es zu den Remarkable Rocks. Die Felsen sind vom Meer zu beeindruckenden Formen geschliffen worden. Die Granitfelsen haben die Gestalten von Säugetieren und Vögeln. Von hier ist es nicht mehr weit zur Antarktis. Es heißt, Abschied zu nehmen. Dein Tagesbegleiter bringt dich zum Flieger zurück."

[Rücknahme:]

„Du kletterst in die Propellermaschine und kehrst auf das Festland zurück, wo dein Flugzeug auf dich wartet.

Du steigst in deinen Flieger, welcher dich wieder ins Hier und Jetzt zurückbringt. Du machst es dir in deinem Sessel bequem und du denkst: Ich bin ganz ruhig und meine Arme sind ganz schwer und warm.

Es war schön auf Kangaroo Island und es ist schön, so durch die Wolken zu schweben, und wenn ich jetzt gleich von 10 bis 0 zähle, kehrst du langsam hierher zurück.

Zehn: Du kehrst ins Hier und Jetzt zurück.

Neun: Du fühlst dich ruhig und zufrieden.

Acht: Du wirst langsam wach.

Sieben: Du spürst die angenehme Ruhe, Schwere und Wärme.

Sechs: Es macht dir Freude, mit deinem Flugzeug durch die Welt zu fliegen.

Fünf: Du atmest ruhig und regelmäßig.

Vier: Du kannst dich entspannen.

Drei: Bewege deine Finger und strecke deine Arme in die Höhe und nach vorne.

Zwei: Atme tief ein und aus und wiederhole es noch einmal.

Eins: Schließe langsam deine inneren Augen und öffne deine äußeren Augen, wenn du sie geschlossen gehalten hast.

Null: Du bist wieder da und fühlst dich entspannt und zufrieden."

Fragen zur Fantasiereise:

- Wohin hat dich die Reise diesmal geführt?
- Wie hat dir die Reise gefallen?
- Was hast du dir von der Reise gemerkt?
- Konntest du die Schwere, Wärme und Ruhe spüren und wenn ja, wo im Körper?
- Wie fühlst du dich jetzt?

Anleitung zur selbstständigen Reaktionszeitverzögerung und Überprüfung

Nachdem die Stoppkarte in der siebenten Trainingsstunde erfolgreich eingesetzt wurde, folgt nun der selbstständige Einsatz der Stoppkarte durch das Kind.

Vorgangsweise:
Es wird ein kurzer Lesetext ausgewählt. Vor der Übung wird dem Kind noch einmal die Bedeutung der Stoppkarte (siehe Infoblatt Seite 70) erklärt. Das Kind soll nun alleine die Stoppkarte wie folgt einsetzen, wobei die Mutter/der Vater es einmal vorzeigen kann:

- **1.** Ein kurzer Satz bzw. Satz bis zu einem Beistrich wird vom jüngeren Kind laut, vom älteren Kind leise gelesen und dann ein „Halt“ vom Kind selbstständig gemacht. Die Stoppkarte liegt dabei vor dem Kind auf dem Tisch.
- **2.** Nach dem „Halt“ überprüft das Kind, ob es richtig gelesen hat, und setzt dann das Lesen des Textes fort.
- **3.** Am Ende des Absatzes lobt sich das Kind: „Das habe ich super bewältigt!“

Diese selbstständige Reaktionszeitverzögerung führt das Kind auch bei den Übungsblättern während der Woche und bei den Konzentrationsspielen durch.

ÜBUNGSBLATT 1: »RECHENAUFGABE«

Versuche die Geheimzeichen zu entziffern!
Schreibe die richtigen Ziffern auf die Linie und rechne aus!

☺	✂	📖	🖱	🔔	💣	⌛	🕓	✈	☠
1	2	3	4	5	6	7	8	9	0

✂ + 📖 =   🔔 + ☺ =   🖱 + ✂ =

⌛ + ☺ =   💣 + ☺ - 📖 =   ✈ - ✂ - ☺ =

🕓 - 📖 - ☠ + 💣 =   🔔 - ☠ + 🔔 + ⌛ =

✈ - 📖 + 🖱 + ✂ =   💣 - 📖 + 🔔 - ✂ =

⌛ + ✂ + 📖 - 💣 - ☺ =   ⌛ x 🔔 =

🔔 x ☺ + 📖 - 💣 - ☠ =   🕓 : ✂ =

💣 x 🖱 : ✂ x 📖 - 🕓 =   ✈ x 🔔 =

Neunte Trainingsstunde

Worum geht es?

Selbständige Reaktionsverzögerung und alleiniges Überprüfen

- Einübung der Stopptechnik und der selbstständigen Reaktionszeitverzögerung anhand von schulischen Unterlagen. Die Stoppkarte wird durch verbale Selbstanweisung abgelöst.

Was brauchen wir?

- Stimmungsthermometer
- Die Texte und Übungen der neunten Trainingsstunde
- Lesebuch
- 1 Konzentrationsspiel, z.B. Simile Serie, Differix oder Schau Genau
- Das Belohnungsblatt (siehe S. 12 sowie Umschlag) und Klebepunkte
- 1 Konzentrations- oder Geschicklichkeitsspiel, z.B. Tricky Golf, Walter oder Uno Kartenspiel

Ablauf der neunten Trainingsstunde	Was brauche ich?
1. Stimmungsthermometer: Stimmungslage und Befindlichkeit beim Kind klären: „Wie fühlst du Dich momentan?" Einstellen der Stimmung von 0 - 10	Stimmungsthermometer und Büroklammer
2. Entspannungsphase: Durchführung einer angeleiteten Fantasiereise in eine australische Opalmine. Alternativ: Progressive Muskelentspannung (PME). Anschließend Fragen zur Entspannungsübung stellen.	Entspannungssessel, ev. CD und Player Fantasiereise, S. 83 PME siehe zweite Trainingsstunde
3. Wiederholung der selbstständigen Reaktionsverzögerung: Heute wird die Stoppkarte weggelassen, also Selbstanleitung statt Stoppkarteneinsatz! Lesen Sie die Anleitung.	Anleitung, S. 86
4. Übungsphase: Ansage eines schulischen Diktattextes bzw. einer schulischen Lernaufgabe oder eines Aufsatzes des Kindes, dabei übt das Kind die Selbstanleitung. Danach wählen Sie ein Konzentrationsspiel. Lassen Sie das Kind selbstständig, das „Stopp" zuerst laut, später leise machen.	wahlweise Diktat-, Aufsatz- oder Lesetext, z.B. aus einem Schul- oder Kinderbuch z.B. Simile Serie, Differix oder Schau Genau
5. Belohnungsphase: Punkte vergeben und das Kind loben: „Das hast du super gemacht!"	Belohnungsblatt (Umschlag) Klebepunkte
6. Freiwilliges Üben während der Woche: Das Kind kann eines der Übungsblatter ausfüllen und dabei alleine bei Bedarf das verinnerlichte Stopp einsetzen.	Übungsblatt 1, S. 87 Übungsblatt 2, S. 88 Bleistift Zusatzpunkt
7. Erholungsphase: Das Kind kann zwischen Konzentrations- und Geschicklichkeitsspielen wählen. Einsatz des verinnerlichten Stopps.	z.B. Tricky Golf, Walter (für Ältere) oder Uno Kartenspiel

Anmerkungen zur Trainingsstunde:

MATERIALIEN FÜR DIE NEUNTE TRAININGSSTUNDE

Fantasiereise nach Australien zu den Opalminen von Coober Pedy

„Lege oder setze dich gemütlich in deinen Entspannungssessel und versuche, deine Augen zu schließen. Wenn du deine Augen nicht geschlossen halten kannst, dann fixiere einen Punkt an der Zimmerdecke oder am Boden und lasse dich nicht ablenken. Mache es dir noch ein wenig gemütlicher. (Lausche der Musik.)
Heute steigst du wieder in dein Flugzeug ein. Es bringt dich weit weg nach Australien zu den Opalminen. Du schließt die Tür des Flugzeugs, setzt dich in einen bequemen Sessel und schnallst dich an. Du fühlst dich sicher und geborgen. Deine äußeren Augen schließen sich langsam und du öffnest deine inneren Augen. Ich zähle jetzt gleich von 10 bis 1 zurück und du fühlst dich immer gelöster und entspannter. Du fühlst dich sicher und ruhig.

Zehn: Du hast deine äußeren Augen geschlossen.
Neun: Du entspannst dich.
Acht: Du vergisst alles um dich herum.
Sieben: Du atmest ruhig und regelmäßig.
Sechs: Du fühlst dich sicher und ganz ruhig.
Fünf: Du merkst: Meine Arme sind ganz ruhig.

Vier: Auch bei deinen Beinen stellst du fest:
Meine Beine sind ganz ruhig.

Drei: Du fühlst dich sicher und ruhig.

Zwei: Du kannst sehr gut abschalten.
Nichts stört dich mehr.

Eins: Du bist jetzt startklar für deine
Traumreise mit dem Flugzeug.

Stelle dir vor, dass du mit deinem Flugzeug eine Traumreise nach Australien machst.

Du liegst bzw. sitzt in deinem Flugzeug und schwebst durch die Wolken. Dabei fühlst du dich sicher und ruhig. Und während du durch die Luft schwebst, merkst du, dass dein Körper auf eine angenehme Art und Weise ganz schwer und entspannt wird. Du merkst es zuerst bei deinen Armen.

Du merkst:

Mein rechter Arm ist ganz schwer.
Mein rechter Arm ist ganz schwer.

Auch bei deinem linken Arm stellst du fest:

Mein linker Arm ist ganz schwer.
Mein linker Arm ist ganz schwer.

Du schwebst ruhig und sicher durch die Wolken und denkst: Meine Arme sind ganz schwer.

Nach einiger Zeit kannst du unter deinem Flugzeug zuerst den Ozean, das große Meer sehen. Du siehst Schiffe und Boote, die so klein wie Spielzeugschiffe sind. Jetzt kannst du auch schon den großen roten Kontinent Australien

erkennen. Du erblickst flaches Land, Flüsse, Häuser und Straßen. Langsam landet dein Flugzeug im Outback von Australien. Du kletterst aus deinem Flieger und vor dir liegen eine staubige Straße – der Stuart Highway –, einige Häuser, eine Tankstelle und die vielen kleinen und großen Erdhügel der Bohrlöcher von den unterirdischen Opalminen. Dein Tagesbegleiter begrüßt dich schon freudig. Zusammen besucht ihr heute eine unterirdische Opalmine. Opale sind hellblaue bis türkise Edelsteine, die in Coober Pedy aus dem Stein geklopft und gebohrt werden. Der enge Gang zur Opalmine führt euch tiefer in den Berg. Am Beginn ist es warm. Du merkst es zuerst an deinen Armen.

Du merkst:

Mein rechter Arm ist ganz warm.
Mein rechter Arm ist ganz warm.

Auch bei deinem linken Arm stellst du fest:

Mein linker Arm ist ganz warm.
Mein linker Arm ist ganz warm.

Zum Schluss merkst du, dass deine beiden Arme ganz warm geworden sind. Du merkst und denkst: Meine beiden Arme sind ganz warm.

Ihr seid nun am Ende des Tunnels angekommen. Eine große unterirdische Wohnung erwartet euch. Sie ist eingerichtet wie eine oberirdische Wohnung, ganz modern und bunt. Du setzt dich auf eine Couch und trinkst Cola, welches dir ein Diener serviert. Dann betrittst du die Opalmine und findest eine Opalader im Gestein. Du freust dich sehr und ein Minenarbeiter schenkt dir einen kleinen hellblauen, wertvollen Opal. Du kannst ihn bei einem Juwelier zu einem Ring verarbeiten lassen. Du bedankst dich bei dem Arbeiter und verlässt mit deinem Begleiter die Miene. Ihr wollt euch noch das Minenmuseum ansehen. Dann kehrt ihr zum Flugzeug zurück."

[Rücknahme:]

„Du verabschiedest dich von deinem Begleiter und steigst in deinen Flieger. Das Flugzeug startet und bringt dich wieder ins Hier und Jetzt zurück. Du machst es dir in deinem Sessel bequem und du denkst: Ich bin ganz ruhig und meine Arme sind ganz schwer und warm.

Es war schön und aufregend in der Opalmine von Coober Pedy und es ist schön, so durch die Wolken zu schweben, und wenn ich jetzt gleich von 10 bis 0 zähle, kehrst du langsam hierher zurück.

Zehn: Du kehrst ins Hier und Jetzt zurück.
Neun: Du fühlst dich ruhig und zufrieden.
Acht: Du wirst langsam wach.
Sieben: Du spürst die angenehme Ruhe, Schwere und Wärme.
Sechs: Es macht dir Freude, mit deinem Flugzeug durch die Welt zu fliegen.
Fünf: Du atmest ruhig und regelmäßig.
Vier: Du kannst dich entspannen.
Drei: Bewege deine Finger und strecke deine Arme in die Höhe und nach vorne.
Zwei: Atme tief ein und aus und wiederhole es noch einmal.
Eins: Schließe langsam deine inneren Augen und öffne deine äußeren Augen, wenn du sie geschlossen gehalten hast.
Null: Du bist wieder da und fühlst dich entspannt und zufrieden."

Fragen zur Fantasiereise:

- Wohin hat dich die Reise diesmal geführt?
- Wie hat dir die Reise gefallen?
- Was hast du dir von der Reise gemerkt?
- Konntest du die Schwere, Wärme und Ruhe spüren und wenn ja, wo im Körper?
- Wie fühlst du dich jetzt?

Anleitung zur selbstständigen Reaktionszeitverzögerung und Überprüfung ohne Stoppkarte

Es folgt nun die selbstständige Reaktionsverzögerung und das alleinige Überprüfen ohne Stoppkarte durch das Kind.

Vorgangsweise:
Es wird ein Diktat-, Lese- oder Aufsatztext ausgesucht. Vor dem selbstständigen Üben wird dem Kind noch einmal die selbstständige Reaktionsverzögerung und das alleinige Kontrollieren des Textes erklärt (siehe Infoblatt Seite 70). Neu ist, dass das Kind heute keine Stoppkarte einsetzt, sondern sich diese nur im Gedanken vorstellt.

- **1.** Ein Diktat-, Lese- oder Aufsatztext wird dem Kind angesagt.
- **2.** Das Kind setzt bei Bedarf die Stoppkarte im Gedanken ein und überprüft bzw. kontrolliert satzweise, später absatzweise.
- **3.** Am Ende der Ansage lobt sich das Kind selbst: „Das habe ich super gemacht."

Die selbstständige Reaktionsverzögerung und Kontrolle ohne Stoppkarte wird vom Kind auch bei den Übungsblättern (Geheimschrift) während der Woche und bei den Konzentrationsspielen durchgeführt.

ÜBUNGSBLATT 1: »GEHEIMSCHRIFT«

Versuche die Geheimschrift zu enträtseln und schreibe über den Zahlen die richtigen Wörter!

A	B	C	D	E	F	G	H	I	J	K	L	M
1	2	3	4	5	6	7	8	9	10	11	12	13
N	O	P	QU	R	S	T	U	V	W	X	Y	Z
14	15	16	17	18	19	20	21	22	23	24	25	26

9-3-8 18-5-9-19-5 14-1-3-8 1-21-19-20-18-1-12-9-5-14.

4-1-19 23-5-20-20-5-18 9-19-20 8-5-18-18-12-9-3-8.

1-12-12-5 19-9-14-4 12-21-19-20-9-7.

9-3-8 16-1-3-11-5 13-5-9-14-5-14 11-15-6-6-5-18.

13-5-9-14 2-18-21-4-5-18 13-1-7 11-9-23-9-19.

ÜBUNGSBLATT 2: »KONZENTRATIONSÜBUNG«

Male jedes Dreieck rot an, dem ein Kreis vorausgeht!

△ ○ ✝ □ ○ △ ✝ ✝ □ ○ △ ○ □

✝ ○ △ □ ○ ○ △ ✝ ○ △ △ ○ ✝

□ △ ○ □ ✝ ○ □ △ ○ ✝ ○ △ □

✝ ○ □ △ ○ ✝ □ ○ △ ✝ □ ○ △

○ △ ✝ □ □ △ ○ ✝ □ △ ○ ✝ □

△ ○ ✝ △ △ ○ ○ □ ✝ △ □ ○ ✝

□ ✝ ○ □ ○ ✝ △ ○ △ ✝ △ ○ □

✝ △ ○ ✝ △ ○ ○ △ □ ✝ ○ △ ○

□ ✝ △ ○ ○ △ □ ✝ ✝ △ □ ○ △

○ ✝ □ △ ○ ✝ □ □ ○ △ ✝ ○ □

Zehnte Trainingsstunde

Worum geht es?

Selbstständige Reaktionsverzögerung und alleiniges Überprüfen ohne Stoppkarte

- Einübung der Stopptechnik und der selbstständigen Reaktionsverzögerung anhand von schulischen Unterlagen. Die Stoppkarte wird durch sprachliche Selbstanweisung abgelöst.

Was brauchen wir?

- Stimmungsthermometer
- Die Texte und Übungen der zehnten Trainingsstunde
- Lesebuch, Rechenbuch
- 1 Konzentrationsspiel, z.B. Simile Serie, Differix oder Schau Genau
- Das Belohnungsblatt (siehe S. 12 sowie Umschlag) und Klebepunkte
- 1 Konzentrations- oder Geschicklichkeitsspiel, z.B. Tricky Golf, Walter oder Halli Galli

Ablauf der zehnten Trainingsstunde	Was brauche ich?
1. Stimmungsthermometer: Stimmungslage und Befindlichkeit beim Kind klären: „Wie fühlst du Dich momentan?" Einstellen der Stimmung von 0 - 10	Stimmungsthermometer und Büroklammer
2. Entspannungsphase: Durchführung einer angeleiteten Fantasiereise in die australische Ufostadt Wycliffe. Alternativ: Progressive Muskelentspannung (PME) Anschließend Fragen zur Entspannungsübung stellen.	Entspannungssessel, ev. CD und Player Fantasiereise, S. 91 PME siehe zweite Trainingsstunde
3. Wiederholung der selbstständigen Reaktionsverzögerung ohne Stoppkarte: Heute wird wieder die Stoppkarte weggelassen und das Stopp im Gedanken durchgeführt.	Anleitung siehe neunte Trainingsstunde
4. Übungsphase: Wahlweise liest das Kind im Lesebuch oder führt Rechnungen im Rechenbuch durch – immer unter selbstständigem Einsatz der Reaktionszeitverzögerung und Kontrolle ohne Stoppkarte. Danach wählen Sie ein Konzentrationsspiel. Lassen Sie das Kind selbstständig und bei Bedarf das „Stopp" leise machen.	Wahlweise Lesetext oder Rechenaufgaben, z.B. aus dem Schulbuch oder -heft z.B. Simile Serie, Differix oder Schau Genau
5. Belohnungsphase: Punkte vergeben und das Kind loben: „Das hast du super gemacht!"	Belohnungsblatt (Umschlag) Klebepunkte
6. Freiwilliges Üben während der Woche: Das Kind kann das Roboterspiel durchführen.	Übungsblatt 1, S. 94
7. Erholungsphase: Das Kind kann zwischen Konzentrations- und Geschicklichkeitsspielen wählen.	z.B. Walter, Tricky Golf oder Halli Galli

Anmerkungen zur Trainingsstunde:

MATERIALIEN FÜR DIE ZEHNTE TRAININGSSTUNDE

Fantasiereise in die Ufostadt Wycliffe

„Lege oder setze dich gemütlich in deinen Entspannungssessel und versuche, deine Augen zu schließen. Wenn du deine Augen nicht geschlossen halten kannst, dann fixiere einen Punkt an der Zimmerdecke oder am Boden und lasse dich nicht ablenken. Mache es dir noch ein wenig gemütlicher. (Lausche der Musik.)

Heute steigst du wieder in dein Flugzeug. Es bringt dich weit weg nach Australien in die Ufostadt Wycliffe. Du schließt die Tür des Flugzeugs, setzt dich in einen bequemen Sessel und schnallst dich an. Du fühlst dich sicher und geborgen. Deine äußeren Augen schließen sich langsam und du öffnest deine inneren Augen. Ich zähle jetzt gleich von 10 bis 1 zurück und du fühlst dich immer gelöster und entspannter. Du fühlst dich sicher und ruhig.

Zehn: Du hast deine äußeren Augen geschlossen.

Neun: Du entspannst dich.

Acht: Du vergisst alles um dich herum.

Sieben: Du atmest ruhig und regelmäßig.

Sechs: Du fühlst dich sicher und ganz ruhig.

Fünf: Du merkst: Meine Arme sind ganz ruhig.

Vier: Auch bei deinen Beinen stellst du fest: Meine Beine sind ganz ruhig.

Drei: Du fühlst dich sicher und ruhig.
Zwei: Du kannst sehr gut abschalten.
Nichts stört dich mehr.
Eins: Du bist jetzt startklar für deine
Traumreise mit dem Flugzeug.

Stelle dir vor, dass du mit deinem Flugzeug eine Traumreise nach Australien machst.

Du liegst bzw. sitzt in deinem Flugzeug und schwebst durch die Wolken. Dabei fühlst du dich sicher und ruhig. Und während du durch die Luft schwebst, merkst du, dass dein Körper auf eine angenehme Art und Weise ganz schwer und entspannt wird. Du merkst es zuerst bei deinen Armen.

Du merkst:

Mein rechter Arm ist ganz schwer.
Mein rechter Arm ist ganz schwer.

Auch bei deinem linken Arm stellst du fest:

Mein linker Arm ist ganz schwer.
Mein linker Arm ist ganz schwer.

Du schwebst ruhig und sicher durch die Wolken und denkst: Meine Arme sind ganz schwer.

Nach einiger Zeit kannst du unter deinem Flugzeug zuerst den Ozean, das große Meer sehen. Du siehst Schiffe und Boote, die so klein wie Spielzeugschiffe sind. Jetzt kannst du auch schon den großen roten Kontinent Australien erkennen. Du erblickst flaches Land, Flüsse, Häuser und Straßen. Langsam landet dein Flugzeug im Outback von Australien. Du kletterst aus dem Flieger und dein Tagesbegleiter begrüßt dich schon freudig. Vor dir befinden sich eine Tankstelle und eine zweispurige Überlandstraße – der Stuart Highway. Sonst sind nur Grasland mit dem berühmten Spinifexgras, Büsche und ein Wasserrad zu sehen. Die Sonne brennt unbarmherzig vom Himmel. Es wird dir langsam warm. Du merkst es zuerst an deinen Armen.

Du merkst:

Mein rechter Arm ist ganz warm.
Mein rechter Arm ist ganz warm.

Auch bei deinem linken Arm stellst du fest:

Mein linker Arm ist ganz warm.
Mein linker Arm ist ganz warm.

Zum Schluss merkst du, dass deine beiden Arme ganz warm geworden sind. Du merkst und denkst: Meine beiden Arme sind ganz warm.

Gemeinsam mit deinem Begleiter betrittst du die Tankstelle. Du kommst aus dem Staunen nicht mehr heraus: Überall hängen Bilder von Ufos und sogar Ufo-Wrackteile sind ausgestellt. Von der Theke baumeln hunderte Kappen, Fahnen und Wimpeln verschiedener Nationen. Gemeinsam trinkt ihr einen wohlschmeckenden Saft und verkostet leckere Hamburger mit Pommes und Ketchup. Der Wirt erzählt euch dabei abenteuerliche Geschichten von gelandeten Ufos. Dann bestaunt ihr noch eine Wand, auf die eine Ufolandung gemalt wurde. Nach

einer Weile verabschiedet ihr euch von dem freundlichen Gastwirt und kehrt zurück zum Flugzeug."

[Rücknahme:]

„Du verabschiedest dich von deinem Begleiter und steigst in deinen Flieger. Du schnallst dich an, das Flugzeug startet und es bringt dich wieder ins Hier und Jetzt zurück. Du machst es dir in deinem Sessel bequem und du denkst: Ich bin ganz ruhig und meine Arme sind ganz schwer und warm.

Es war schön im Uforasthaus an der Tankstelle in Wycliffe und es ist schön, so durch die Wolken zu schweben, und wenn ich jetzt gleich von 10 bis 0 zähle, kehrst du langsam, in deinem Tempo, hierher zurück.

Zehn: Du kehrst ins Hier und Jetzt zurück.

Neun: Du fühlst dich ruhig und zufrieden.

Acht: Du wirst langsam wach.

Sieben: Du spürst die angenehme Ruhe, Schwere und Wärme.

Sechs: Es macht dir Freude, mit deinem Flugzeug durch die Welt zu fliegen.

Fünf: Du atmest ruhig und regelmäßig.

Vier: Du kannst dich entspannen.

Drei: Bewege deine Finger und strecke deine Arme in die Höhe und nach vorne.

Zwei: Atme tief ein und aus und wiederhole es noch einmal.

Eins: Schließe langsam deine inneren Augen und öffne deine äußeren Augen, wenn du sie geschlossen gehalten hast.

Null: Du bist wieder da und fühlst dich entspannt und zufrieden."

Fragen zur Fantasiereise:

- Wohin hat dich die Reise diesmal geführt?
- Wie hat dir die Reise gefallen?
- Was hast du dir von der Reise gemerkt?
- Konntest du die Schwere, Wärme und Ruhe spüren und wenn ja, wo im Körper?
- Wie fühlst du dich jetzt?

ÜBUNGSBLATT 1: »ROBOTERSPIEL«

Das Roboterspiel

Spielbeschreibung:

Das Kind spielt einen Roboter, der sich nach Anweisungen der Mutter oder des Vaters bewegen darf, z.B.: „Gehe zwei Schritte nach vorne, einen Schritt zur Seite usw."

Die Anweisungen sollen langsam und mit „knarrender Stimme" (blechern) gegeben werden, damit das Spiel Spaß macht.

Der Roboter wird so durch den Raum und zu Gegenständen gesteuert, die er mit den Händen aufnehmen soll. Der Roboter darf nur das tun, wozu er angewiesen wird!

Es kann dann gewechselt werden, sodass jeder einmal Roboter und Anweiser war.

Elfte Trainingsstunde

Worum geht es?

Heute geht es darum, sich von nichts ablenken zu lassen.

- Störung der Konzentration: Unter Ablenkung soll das Kind die Reaktionsverzögerung und die verinnerlichte Stoppkarte einsetzen und anwenden können.

Was brauchen wir?

- Stimmungsthermometer
- Die Texte und Übungen der elften Trainingsstunde
- Lesebuch oder Kinderbuch, Rechenbuch
- CD-Player oder Radio, laute Musik
- 3 Jongliertücher aus Seide
- Das Belohnungsblatt (siehe S. 12 sowie Umschlag) und Klebepunkte
- 2 Gedächtnisspiele, z.B. Rush hour oder Der zerstreute Pharao

Ablauf der elften Trainingsstunde	Was brauche ich?
1. Stimmungsthermometer: Stimmungslage und Befindlichkeit beim Kind klären: „Wie fühlst du Dich momentan?“ Einstellen der Stimmung von 0 - 10	Stimmungsthermometer und Büroklammer
2. Entspannungsphase: Durchführung einer angeleiteten Fantasiereise in das Meeresaquariun von Sydney. Alternativ: Progressive Muskelentspannung (PME) – Kurzform. Anschließend Fragen zur Entspannungsübung stellen.	Entspannungssessel, ev. CD und Player Fantasiereise, S. 97 PME-Kurzentspannung, S. 100
3. Vorstellen der Reaktionszeitverzögerung unter Ablenkung bzw. Störung der Konzentration: Lesen Sie dazu die Anleitung.	Anleitung, S. 102
4. Übungsphase: Das Kind liest im Lesebuch oder rechnet im Rechenbuch unter Lärm (z.B. Straßenlärm, wilde Musik). Danach erfolgt die Ein- und Durchführung vom Jonglieren mit 3 verschiedenfarbigen Tüchern.	CD-Player, wilde CD 3 Jonglierücher Übungsblatt 1, S. 103
5. Belohnungsphase: Punkte vergeben und das Kind loben: „Das hast du super gemacht!“	Belohnungsblatt (Umschlag) Klebepunkte
6. Freiwilliges Üben während der Woche: Das Kind kann ein Rechen- oder Leseblatt unter Anwendung der verinnerlichten Stoppkarte und unter Lärm alleine durchführen, ein Bewegungsspiel spielen und/oder das Jonglieren üben.	Rechen- oder Leseblatt Übungsblatt, S. 104 3 Jongliertücher Zusatzpunkt
7. Erholungsphase: Das Kind kann zwischen zwei Gedächtnisspielen wählen.	z.B. Rush hour, Der zerstreute Pharao

Anmerkungen zur Trainingsstunde:

MATERIALIEN FÜR DIE ELFTE TRAININGSSTUNDE

Fantasiereise in das Aquarium von Sydney

„Lege oder setze dich gemütlich in deinen Entspannungssessel und versuche, deine Augen zu schließen. Wenn du deine Augen nicht geschlossen halten kannst, dann fixiere einen Punkt an der Zimmerdecke oder am Boden und lasse dich nicht ablenken. Mache es dir noch ein wenig gemütlicher. (Lausche der Musik.)

Heute steigst du wieder in dein Flugzeug. Es bringt dich weit weg nach Australien in das weltberühmte Aquarium. Du schließt die Tür des Flugzeugs, setzt dich in einen bequemen Sessel und schnallst dich an. Du fühlst dich sicher und geborgen. Deine äußeren Augen schließen sich langsam und du öffnest deine inneren Augen. Ich zähle jetzt gleich von 10 bis 1 zurück und du fühlst dich immer gelöster und entspannter. Du fühlst dich sicher und ruhig.

Zehn: Du hast deine äußeren Augen geschlossen.

Neun: Du entspannst dich.

Acht: Du vergisst alles um dich herum.

Sieben: Du atmest ruhig und regelmäßig.

Sechs: Du fühlst dich sicher und ganz ruhig.

Fünf: Du merkst: Meine Arme sind ganz ruhig.

Vier: Auch bei deinen Beinen stellst du fest: Meine Beine sind ganz ruhig.

Drei: Du fühlst dich sicher und ruhig.
Zwei: Du kannst sehr gut abschalten.
Nichts stört dich mehr.
Eins: Du bist jetzt startklar für deine
Traumreise mit dem Flugzeug.

Stelle dir vor, dass du mit deinem Flugzeug eine Traumreise nach Australien machst.

Du liegst bzw. sitzt in deinem Flugzeug und schwebst durch die Wolken. Dabei fühlst du dich sicher und ruhig. Und während du durch die Luft schwebst, merkst du, dass dein Körper auf eine angenehme Art und Weise ganz schwer und entspannt wird. Du merkst es zuerst bei deinen Armen.

Du merkst:

Mein rechter Arm ist ganz schwer.
Mein rechter Arm ist ganz schwer.

Auch bei deinem linken Arm stellst du fest:

Mein linker Arm ist ganz schwer.
Mein linker Arm ist ganz schwer.

Du schwebst ruhig und sicher durch die Wolken und denkst: Meine Arme sind ganz schwer.

Nach einiger Zeit kannst du unter deinem Flugzeug zuerst den Ozean, das große Meer sehen. Du erblickst Schiffe und Boote, die so klein wie Spielzeugschiffe sind. Jetzt kannst du auch schon den großen roten Kontinent Australien erkennen. Du erblickst flaches Land, Flüsse, Häuser und Straßen. Langsam landet dein Flugzeug in der Weltstadt Sydney. Du kletterst aus deinem Flieger und dein Tagesbegleiter begrüßt dich schon freudig. Gemeinsam werdet ihr heute das große Aquarium am Hafen besuchen. Du steigst in die Hochbahn ein, die dich in Richtung Hafen bringt. Das letzte Stück gehst du zu Fuß. Langsam wird dir warm. Du merkst es zuerst an deinen Armen.

Du merkst:

Mein rechter Arm ist ganz warm.
Mein rechter Arm ist ganz warm.

Auch bei deinem linken Arm stellst du fest:

Mein linker Arm ist ganz warm.
Mein linker Arm ist ganz warm.

Zum Schluss merkst du, dass deine beiden Arme ganz warm geworden sind. Du merkst und denkst: Meine beiden Arme sind ganz warm.

Zusammen mit deinem Begleiter betrittst du das Aquarium. Du siehst die vielen bunten Korallenfische, die du schon beim Schnorcheln am Riff bewundert hast. Es freut dich, dass du die „Nemofische“ wieder triffst. Dann bestaunst du im Haifischtunnel die Stachelrochen, Haifische und großen Barsche. Es ist schön, so dazusitzen und den Fischen beim Gleiten durch das Wasser zuzusehen. Du versuchst, im Angreifbecken einen Seestern, eine Muschel und eine Seegurke zu berühren. Alles fühlt sich kalt und glitschig an. Rechtzeitig erlebst du die Fütterung der Pinguine. Es ist lustig, wie die Pinguine herumwatscheln und sich in das Wasser stürzen. Beim Aus-

gang des Aquariums findest du in einem Andenkengeschäft noch einen „Nemofisch“, den du mit nach Hause nimmst. Du sagst „Good bye!“ und verlässt das Meerwasseraquarium.“

[Rücknahme:]

„Mit dem Auto geht es zurück zum Flugzeug. Du verabschiedest dich von deinem Begleiter und steigst in deinen Flieger. Du schnallst dich an, das Flugzeug startet und bringt dich wieder ins Hier und Jetzt. Du machst es dir in deinem Sessel bequem und du denkst: Ich bin ganz ruhig und meine Arme sind ganz schwer und warm.

Es war schön im Aquarium von Sydney und es ist schön, so durch die Wolken zu schweben, und wenn ich jetzt gleich von 10 bis 0 zähle, kehrst du langsam, in deinem Tempo, hierher zurück.

Zehn: Du kehrst ins Hier und Jetzt zurück.
Neun: Du fühlst dich ruhig und zufrieden.
Acht: Du wirst langsam wach.
Sieben: Du spürst die angenehme Ruhe, Schwere und Wärme.
Sechs: Es macht dir Freude, mit deinem Flugzeug durch die Welt zu fliegen.
Fünf: Du atmest ruhig und regelmäßig.
Vier: Du kannst dich entspannen.
Drei: Bewege deine Finger und strecke deine Arme in die Höhe und nach vorne.
Zwei: Atme tief ein und aus und wiederhole es noch einmal.
Eins: Schließe langsam deine inneren Augen und öffne deine äußeren Augen, wenn du sie geschlossen gehalten hast.
Null: Du bist wieder da und fühlst dich entspannt und zufrieden.“

Fragen zur Fantasiereise:

- Wohin hat dich die Reise diesmal geführt?
- Wie hat dir die Reise gefallen?
- Was hast du dir von der Reise gemerkt?
- Konntest du die Schwere, Wärme und Ruhe spüren und wenn ja, wo im Körper?
- Wie fühlst du dich jetzt?

Anleitung zur Progressiven Muskelentspannung – Kurzform

(modifiziert nach Klein-Hessling/Lohaus, 1998)

„Heute wirst du die Entspannungsübung in verkürzter Form kennenlernen, für solche Tage, an denen du nur wenig Zeit zur Verfügung hast. Wer die Muskelentspannung regelmäßig übt, der kann auch manchmal mehrere Muskeln gleichzeitig anspannen. Wenn du die Kurzform schon gut trainiert hast, kannst du sogar alle Muskeln auf einmal anspannen. Diese Übung wird „Blitzentspannung“ genannt. Du kannst sie zu Hause, in der Schule, eigentlich überall durchführen, ohne dass andere es bemerken.

Du darfst nicht vergessen, dass die Kurzentspannung und die Blitzentspannung nur dann funktionieren, wenn du regelmäßig die Langform der Muskelentspannung übst (siehe S. 28).

Setze dich möglichst bequem in deinem Sessel zurecht. Der Rücken ist angelehnt und deine Füße stehen fest am Boden. Lasse deine Hände ganz locker auf deinen Oberschenkeln ruhen. Jetzt schließe bitte deine Augen und öffne sie erst wieder, wenn ich es dir sage. Wenn du deine Augen nicht geschlossen halten kannst, blicke entweder an die Zimmerdecke oder fixiere einen Punkt vor dir auf dem Fußboden. Denke auch daran, immer das zu tun, was ich dir sage und achte dabei auf deinen Körper. Halte die Spannung kurzfristig an und konzentriere dich dabei auf dein Körpergefühl.

Richte nun deine Aufmerksamkeit auf deinen Atem. Atme tief durch die Nase ein und lasse die Atemluft langsam durch den Mund ausströmen. Beobachte dabei, wie sich deine Bauchdecke beim Einatmen wölbt und beim Ausatmen senkt. Atme noch einmal ein und langsam wieder aus. Und nun hole ein drittes Mal tief Luft und lasse deinen Atem sanft durch den Mund ausströmen.

Stelle dir vor, dass du ein Bodybuilder bist. Strecke deine Arme seitlich, im Ellbogen abgewinkelt, weit nach oben. Halte die Spannung eine Weile, verstärke sie noch und fühle dabei, wie sich deine Armmuskeln verhärten. Und nun lasse deine Arme fallen. Spüre, wie sich deine Arme jetzt anfühlen! Vielleicht empfindest du jetzt ein Gefühl der Schwere, Wärme, Kribbeln, Taubheit, Leichtigkeit oder auch gar nichts. Alles, was du fühlen kannst, ist richtig.

Mache diese Übung noch einmal. Achte dabei auf die Anspannung in deinen Armen. Und nun lasse sie wieder fallen und ganz locker werden. Beobachte dabei immer den Unterschied zwischen An- und Entspannung.

Jetzt versuche, deine Gesichtsmuskeln anzuspannen. Mache ein saures Zitronengesicht. Spanne alle Gesichtsmuskeln auf einmal fest an: Runzle deine Stirne, blicke ganz finster, rümpfe deine Nase, fletsche deine Zähne ganz fest und ziehe deine Schultern bis zu den Ohren hoch. Beobachte dabei die Spannung in deinem Gesicht und Nacken. Und jetzt lasse dein Gesicht wieder ganz glatt und entspannt werden. Lasse deine Schultern hängen. Spüre, wie sich deine Gesichts- und Nackenmuskeln jetzt anfühlen, wenn sie entspannt sind.

Versuche noch einmal, ein saures Zitronengesicht zu machen: Lege deine Stirne in Dackelfalten, blicke böse, fletsche deine Zähne und ziehe deine Schultern bis an die Ohren hoch! Jetzt lasse alles wieder los: Mache dein Gesicht ganz glatt, lasse deine Schultern hängen. Spüre, wie sich dein Gesicht und deine Schultern jetzt anfühlen. Beobachte den Unterschied.

Nun strecke deine Beine und Füße nach vorne, spanne dein Gesäß und deinen Bauch an. Halte die Spannung einige Augenblicke, verstärke sie noch. Beobachte die Spannung in den Beinen, im Hinterteil und am Bauch. Und nun entspanne alle Muskeln. Vielleicht empfindest du jetzt ein Gefühl der Schwere, Wärme, Kribbeln, Taubheit, Leichtigkeit oder auch gar nichts. Alles, was du fühlst, ist richtig.

Versuche noch einmal, deine Beine, Füße, das Gesäß und den Bauch anzuspannen. Verstärke die Spannung, halte sie noch einen Moment und nun entspanne wieder. Beobachte dabei den Unterschied zwischen Spannung und Entspannung. Lasse nun das angenehme Gefühl der Entspannung sich in deinem Körper ausbreiten: durch deine Beine bis in die Zehenspitzen, durch dein Gesäß, deinen Bauch, deine Brust. Lasse das angenehme Gefühl der Entspannung weiterfließen: durch die Schultern und den Nacken in dein Gesicht, durch die Arme und Hände bis in die Fingerspitzen. Genieße das Gefühl der Ruhe und Entspannung."

Nach ca. einer Minute:

„Nun komme langsam wieder ins Hier und Jetzt zurück. Du weißt, dass du die Entspannungsübung immer einsetzen kannst, wenn du Stress hast, ängstlich, nervös und aufgeregt bist. Strecke deine Arme weit in die Höhe, dann nach vorne. Atme tief durch die Nase ein und durch den Mund aus – mache das dreimal, dann öffne wieder deine Augen."

Fragen nach der Kurzentspannung:
(dabei noch sitzen bzw. liegen bleiben und nicht sofort aufstehen):

- Was hat dir an der Kurzentspannung gefallen?
- Welche Übungen waren schwierig?
- Was ist dir leicht gefallen?
- Wann und wo willst du die Kurzentspannung einsetzen?

Je häufiger du die Langform der Muskelentspannung durchführst, umso besser wird sie funktionieren. Die Kurzform setze nur dann ein, wenn du wenig Zeit zum Üben hast.

Anleitung zur selbstständigen Reaktionszeitverzögerung ohne Stoppkarte unter Ablenkung von außen

Es gibt nicht immer die optimalsten Lernbedingungen. Oft stören andere oder die Umgebung ist laut. Es ist jetzt wichtig, die abweichenden Gedanken durch eine verinnerlichte Stoppkarte zu unterbrechen und sich wieder ganz auf seine zu erledigende Aufgabe zu konzentrieren.

Fragen Sie Ihr Kind zum Thema Lärm & Lernen:
„Welche Erfahrungen hast du dazu in der Schule, im Hort, zu Hause etc. schon gemacht?" Lassen Sie Ihr Kind von seinen Erfahrungen dazu berichten und wie es ihr/ihm gelungen ist, die Ablenkung zu überwinden.

Vorgangsweise der Durchführung der Aufgaben unter Lärm:

- **1.** Es werden entweder ein kurzer Lesetext oder ein Rechenblatt, CD-Player und rockige CD vorbereitet.
- **2.** Das Kind bearbeitet die Aufgaben nun unter Einsatz der verinnerlichten Stoppkarte unter Lärm von außen und unter Beachtung, wie es ihr/ihm gelingt, den Lärm auszublenden.
- **3.** Die Trainerin/der Trainer bzw. der Elternteil verstärkt verbal den richtigen Einsatz des Stoppdenkens und arbeitet mit dem Kind die allgemeine Nützlichkeit dieser Vorgangsweise heraus.

ÜBUNGSBLATT 1: »JONGLIEREN«

Jonglieren mit drei verschiedenfarbigen Seidentüchern

(nach Stephan Oppitz (2007) im Skriptum zur Spielpädagogik. Kirchberg/Tirol)

Die Grundfigur beim Jonglieren ist ein liegender Achter. ∞

Bei einem Seidentuch beginnt die rechte Hand von unten und führt das Seidentuch am Körper vorbei nach links oben, lässt das Tuch fallen, die linke Hand fängt das Tuch vor dem Körper (in Brusthöhe bei waagrecht ausgestrecktem linken Arm) und führt es am Körper vorbei nach rechts oben, lässt das Tuch fallen und die rechte Hand fängt es auf (in Brusthöhe) usw.

Bei zwei verschiedenfarbigen Seidentüchern ist in jeder Hand ein Seidentuch. Die Grundfigur bleibt gleich. Es kommt eine weitere Regel dazu: Die Hand, die das Seidentuch fängt, muss leer sein! Um in den Rhythmus zu kommen, kann begleitend mitgesprochen werden: „Werfen – Werfen – Fangen – Fangen". Das Seidentuch, welches als erstes schräg vor dem Körper nach oben geworfen wurde, muss auch als erstes gefangen werden.

Bevor mit dem Jonglieren mit drei Tüchern angefangen werden kann, sollte das Jonglieren mit zwei Tüchern beherrscht werden!

Beim Jonglieren mit drei Seidentüchern hält die beginnende Hand zwei verschiedenfarbige Tücher. Der Rhythmus lautet: Erstes Seidentuch aus z.B. rechter Hand – Seidentuch aus linker Hand – zweites Seidentuch aus rechter Hand. Die Seidentücher werden vor dem Körper von unten nach oben geführt und in die Luft geworfen und bei waagrecht nach vorne gestreckter Hand wieder gefangen.

Tipp: Übung macht den Meister!

ÜBUNGSBLATT 2: »BEWEGUNGSSPIELE«

Bewegungen nachmachen

Der Erwachsene zeigt eine Bewegung vor, das Kind macht die Bewegung nach, z.B. wie ein Bär gehen, wie ein Storch stehen, wie ein Käfer krabbeln, Tee einschenken, einen Korb tragen, Staub saugen usw.

Bewegungen stoppen

Eine Bewegung wird durchgeführt und gestoppt, „eingefroren", dann wird die Bewegung wieder durchgeführt und auf Zeichen der Mutter oder des Vaters gestoppt.

Zwölfte Trainingsstunde

Worum geht es?

Wir trainieren das optische Kurzzeitgedächtnis und die Konzentration.

- Mit Hilfe von Übungsblättern oder verschiedenen Übungen am Computer werden Konzentration und Kurzzeitgedächtnis trainiert.

Was brauchen wir?

- Stimmungsthermometer
- Die Texte und Übungen der zwölften Trainingsstunde
- Bleistift, Buntstifte oder Filzstifte
- 8 Fotos
- Wenn PC und Programm vorhanden: Kurzzeitgedächtnis oder Sieben Sachen nach Prof. Köhler
- 1 Gedächtnisspiel: z.B. Koffer packen
- Das Belohnungsblatt (siehe S. 12 sowie Umschlag) und Klebepunkte
- 3 Jongliertücher aus Seide
- 1 Gedächtnisspiel: z.B. Memory oder Logofix

Ablauf der zwölften Trainingsstunde	Was brauche ich?
1. Stimmungsthermometer: Stimmungslage und Befindlichkeit beim Kind klären: „Wie fühlst du Dich momentan?“ Einstellen der Stimmung von 0 - 10	Stimmungsthermometer und Büroklammer
2. Entspannungsphase: Durchführung einer angeleiteten Fantasiereise zu den Surfern am Bondi Beach. Alternativ: Progressive Muskelentspannung (PME) – Kurzform. Anschließend Fragen zur Entspannungsübung stellen.	Entspannungssessel, ev. CD und Player Fantasiereise, S. 107 PME-Kurzentspannung siehe elfte Trainingsstunde
3. Übungsphase: Training des optischen Kurzzeitgedächtnisses und der Konzentration.	Übungsblatt 1, S. 110 8 Fotos Übungsblatt 2, S. 111
Wahlweise Kurzzeitgedächtnis-Training nach Prof. Köhler am PC (Kurzzeitgedächtnis oder Sieben Sachen)	PC, CD nach Prof. Köhler
Danach spielen Sie ein Gedächtnisspiel.	z.B. Koffer packen
4. Belohnungsphase: Punkte vergeben und das Kind loben: „Das hast du super gemacht!“	Belohnungsblatt (Umschlag) Klebepunkte Zusatzpunkt
5. Freiwilliges Üben während der Woche: Zusätzliches Übungsblatt „Delphin“	Übungsblatt 3, S. 112
6. Erholungsphase: Wahlweise ein Bewegungsspiel (z.B. Jonglieren) oder ein Gedächtnisspiel (nicht das zuvor verwendete).	3 Jongliertücher Gedächtnisspiel, z.B. Memory, Logofix

Anmerkungen zur Trainingsstunde:

MATERIALIEN FÜR DIE ZWÖLFTE TRAININGSSTUNDE

Fantasiereise zu den Surfern am Bondi Beach

„Lege oder setze dich gemütlich in deinen Entspannungssessel und versuche, deine Augen zu schließen. Wenn du deine Augen nicht geschlossen halten kannst, dann fixiere einen Punkt an der Zimmerdecke oder am Boden und lasse dich nicht ablenken. Mache es dir noch ein wenig gemütlicher. (Lausche der Musik.)

Heute steigst du wieder in dein Flugzeug ein. Es bringt dich weit weg nach Australien an den Bondi Beach zu den großartigen Surfern. Du schließt die Tür des Flugzeugs, setzt dich in einen bequemen Sessel und schnallst dich an. Du fühlst dich sicher und geborgen. Deine äußeren Augen schließen sich langsam und du öffnest deine inneren Augen. Ich zähle jetzt gleich von 10 bis 1 zurück und du fühlst dich immer gelöster und entspannter. Du fühlst dich sicher und ruhig.

Zehn: Du hast deine äußeren Augen geschlossen.
Neun: Du entspannst dich.
Acht: Du vergisst alles um dich herum.
Sieben: Du atmest ruhig und regelmäßig.
Sechs: Du fühlst dich sicher und ganz ruhig.
Fünf: Du merkst: Meine Arme sind ganz ruhig.

Vier: Auch bei deinen Beinen stellst du fest:
Meine Beine sind ganz ruhig.
Drei: Du fühlst dich sicher und ruhig.
Zwei: Du kannst sehr gut abschalten.
Nichts stört dich mehr.
Eins: Du bist jetzt startklar für deine
Traumreise mit dem Flugzeug.

Stelle dir vor, dass du mit deinem Flugzeug eine Traumreise nach Australien machst.

Du liegst bzw. sitzt in deinem Flugzeug und schwebst durch die Wolken. Dabei fühlst du dich sicher und ruhig. Und während du durch die Luft schwebst, merkst du, dass dein Körper auf eine angenehme Art und Weise ganz schwer und entspannt wird. Du merkst es zuerst bei deinen Armen.

Du merkst:

Mein rechter Arm ist ganz schwer.
Mein rechter Arm ist ganz schwer.

Auch bei deinem linken Arm stellst du fest:
Mein linker Arm ist ganz schwer.
Mein linker Arm ist ganz schwer.

Du schwebst ruhig und sicher durch die Wolken und denkst: Meine Arme sind ganz schwer.

Nach einiger Zeit kannst du unter deinem Flugzeug zuerst den Ozean, das große Meer sehen. Du erblickst Schiffe und Boote, die so klein wie Spielzeugschiffe sind. Jetzt kannst du schon den großen roten Kontinent Australien erkennen. Du erblickst flaches Land, Flüsse, Häuser und Straßen. Langsam landet dein Flugzeug in der heimlichen Hauptstadt von Australien – in Sydney. Du kletterst aus deinem Flieger und dein Tagesbegleiter begrüßt dich gut gelaunt. Gemeinsam fahrt ihr zum weltberühmten Bondi Beach, um die Wellenreiter zu beobachten. Auf dem Weg dorthin merkst du, dass dir langsam warm wird. Du merkst es zuerst an deinen Armen.

Du merkst:

Mein rechter Arm ist ganz warm.
Mein rechter Arm ist ganz warm.

Auch bei deinem linken Arm stellst du fest:

Mein linker Arm ist ganz warm.
Mein linker Arm ist ganz warm.

Zum Schluss merkst du, dass deine beiden Arme ganz warm geworden sind. Du merkst und denkst: Meine beiden Arme sind ganz warm.

Zusammen mit deinem Tagesbegleiter betrittst du die Strandpromenade des Bondi Beach. Ihr setzt euch auf ein großes Handtuch und seht den Surfern und Strandläufern zu. Dann kommt ein Surfer zu euch und er überredet dich, es auch einmal mit dem Surfen zu probieren. Du steigst in den Surfanzug und ruderst mit dem Surfbrett ein Stückchen auf das Meer hinaus. Dann kletterst du auf das Brett und versuchst, dein Gleichgewicht nicht zu verlieren. Du probierst es einige Male und bald fühlst du dich viel sicherer am Brett. Es macht großen Spaß, mit

den tollen Surfern am Bondi Beach zu trainieren. Nach den ersten Surfversuchen lässt du dich noch etwas in der warmen Sonne trocknen und genießt die Wärme. Nach einem kühlen Getränk mahnt dein Begleiter zum Aufbruch. Beim Abschied schenkt er dir ein Foto zur Erinnerung; es zeigt dich bei deinem ersten ordentlichen Stand auf dem Surfbrett."

[Rücknahme:]

„Du sagst 'Good Bye!' zu deinem Tagesbegleiter und kletterst in deinen Flieger. Du schnallst dich an, das Flugzeug startet und bringt dich wieder ins Hier und Jetzt. Du machst es dir in deinem Sessel bequem und du denkst: Ich bin ganz ruhig und meine Arme sind ganz schwer und warm.

Es war schön bei den Surfern am Bondi Beach und es ist schön, so durch die Wolken zu schweben, und wenn ich jetzt gleich von 10 bis 0 zähle, kehrst du langsam, in deinem Tempo, hierher zurück.

Zehn: Du kehrst ins Hier und Jetzt zurück.

Neun: Du fühlst dich ruhig und zufrieden.

Acht: Du wirst langsam wach.

Sieben: Du spürst die angenehme Ruhe, Schwere und Wärme.

Sechs: Es macht dir Freude, mit deinem Flugzeug durch die Welt zu fliegen.

Fünf: Du atmest ruhig und regelmäßig.

Vier: Du kannst dich entspannen.

Drei: Bewege deine Finger und strecke deine Arme in die Höhe und nach vorne.

Zwei: Atme tief ein und aus und wiederhole es noch einmal.

Eins: Schließe langsam deine inneren Augen und öffne deine äußeren Augen, wenn du sie geschlossen gehalten hast.

Null: Du bist wieder da und fühlst dich entspannt und zufrieden."

Fragen zur Fantasiereise:

- Wohin hat dich die Reise diesmal geführt?
- Wie hat dir die Reise gefallen?
- Was hast du dir von der Reise gemerkt?
- Konntest du die Schwere, Wärme und Ruhe spüren und wenn ja, wo im Körper?
- Wie fühlst du dich jetzt?

ÜBUNGSBLATT 1: »KURZZEITGEDÄCHTNIS“

Training des optischen Gedächtnisses

Betrachte die Dinge auf diesem Bild und merke Sie dir gut. Lege jetzt das Bild weg und zähle oder zeichne die Dinge, die du gesehen hast, auf. Kannst du dich noch an alles erinnern?

Nach: „Konzentration kinderleicht“ 5./6. ASO © J&V, Wien

Bilder merken

„Ich zeige Dir jetzt fünf Fotos und du versuchst, sie dir zu merken. Anschließend werde ich dir weitere Fotos zeigen und wenn du eines der fünf gemerkten Fotos erkennst, dann sage es.“

ÜBUNGSBLATT 2: »BIRNE«

Suche bitte die Wörter heraus, die einen Kleinbuchstaben haben, und streiche sie durch.

BIRNE BIRNE BiRNE bIRNE BIRNE BIRNe BIRNE BiRNE BIRNE

BIRNe BIRNE BIrNE bIRNE BIRnE BIRNE BiRNE BIRNE BIRNE

BIRNe BIRNE BIrnE BIRNE bIRNE BiRNE BIRNe BIRNE BIRNE

Birne BIRNE Birne birne BIRNE BIrNE Birne BIRNE BIRNE

BIRNe BIRNE bIrNe birne BIRNE birne BIRNe bINRe BIRNE

birNE BIRNE BIRNe BIRNE BIRNE biRNe biRNE birNe BIRNE

BIRNE BirNe BirNE birNE birnE BIRNE BirNE birnE birNE

BIRNE BIRNE birNe BIRne BIRNE BIRNE BIRNE bIRne BIRne

BIRNE bIRne bIRNE BIRNE BIRNe BirNE BIRNe BIRNE biRne

BIrNe BIRNe BIRnE birNE BIRNE biRNe BIRNE BIRNE BIRNE

birNE biRNe BIRNe BIRNE birNE BIRnE BIRNE BIRNE BIrnE

BIRNE BIRNE BIRNE bIRne BIRnE birnE birne BIRNE BIRNe

BIRNE birne BIRNE BIRNE Birne BIRNE BIRNE BIRNE bIRNE

biRNe birNE birnE birnNE birne BIrne BiRNE BIRNE bIRNe

BIRNE biRNE BIrNE BIRNE birNE birne BIRNE BIRNe BIRNE

BIRNE biRNE birnE birne BIRNE bIRnE BIRNE BIRNE BIrNe

BIRNE biRNE Birne BIRne birNE birnE BIRNE BIRNE biRNE

BIRNE biRNE birNE birnE birne BIRNE BIRNE birne BIRNE

BIRne BIRNE biRNE BIRnE BIRNE Birne birne birne BIRNE

ÜBUNGSBLATT 3: »DELPHIN«

Suche bitte die Wörter heraus, die einen Kleinbuchstaben haben, und streiche sie durch.

DELPHIN DELPHIN dELPHIN DELPHIN DeLPHIN DELPHIN
DELPHiN DELphIN DELPHIN DELpHIN DELpHIN dELPHIN
DELPHIN DElpHIN DELPhIN DELPHIN DELPHIN DELphin
DELPHIN dElphin dElphin DELPHIN DELPHIN deLPHIN
dELPHIN DELPHIn DELPHIN Delphin DELPHIN DeLPHIN
DELPHIN Delphin DELPHin DELPHIN DELPHIN DELphiN
DELPHIN DELPHIN DELphIN dElphin DELPHIN DELPHin
DELPHIN DELPHIN DELphIN dElphin DELPHIN dElphin
DelPHIN dElphin DELPHIN DELPHIN DElpHIN DELPHIn
DELPHIN delPHIN DELPHIN DELPHIN delphin DELPHIN
DELphin DELPHIN DELPHIN DELphIN DELphIN DELphin
DELPHIN DELPHIN dElphin dElphin DELPHIN dElphin
dElphin dElphin dElphin DELPHIN DELPHIN DELPHin
DELPHIN DelphIN DELPHiN dElphin dElphin dELPHIN
Delphin DELPHIN DELPHIN delpHIN DELPHIN dELPHIn
DELPHIN DelPHIn DELPHIN Delphin DeLPHIN DELPHIN
dElphin DELPHIN dElphin delphin DELPHIN DELPHIN
dElphin DELphin DELPHIN DelphiN DELPHIN deLPHIN
DELphin DElPHIN DELPHIN DELphIN DELphIN DElphin

Dreizehnte Trainingsstunde

Worum geht es?

Wir trainieren das akustische Kurzzeitgedächtnis und die Konzentration.

- Mit Hilfe von Übungsblätern oder verschiedenen Übungen am PC und Spielen werden Konzentration und das akustische Gedächtnis trainiert.

Was brauchen wir?

- Stimmungsthermometer
- Die Texte und Übungen der dreizehnten Trainingsstunde
- Wenn PC und Programm vorhanden: Kurzzeitgedächtnis oder Sieben Sachen nach Prof. Köhler
- 1 Wahrnehmungsspiel:
  z.B. Hör Genau oder Detektiv horch
- Das Belohnungsblatt (siehe S. 12 sowie Umschlag) und Klebepunkte
- Wahlweise 1 Gedächtnis- oder Konzentrationsspiel, z.B. Logofix oder Nintendo-Gehirnjogging, Übungen aus Gedächtnistraining-Büchern etc.

Ablauf der dreizehnten Trainingsstunde	Was brauche ich?
1. Stimmungsthermometer: Stimmungslage und Befindlichkeit beim Kind klären: „Wie fühlst du Dich momentan?“ Einstellen der Stimmung von 0 - 10	Stimmungsthermometer und Büroklammer
2. Entspannungsphase: Durchführung einer angeleiteten Fantasiereise: Mit der Seilbahn über dem Regenwald. Alternativ: Progressive Muskelentspannung (PME) – Blitzentspannung. Anschließend Fragen zur Entspannungsübung stellen.	Entspannungssessel, ev. CD und Player Fantasiereise, S. 115 Anleitung zur PME-Blitzentspannung, S. 118
3. Übungsphase: Training des akustischen Kurzzeitgedächtnisses und der Konzentration. Arbeiten Sie mit dem Übungsblatt.	Übungsblatt 1, S. 119
Wahlweise Kurzzeitgedächtnis-Training nach Prof. Köhler am PC (Kurzzeitgedächtnis oder Sieben Sachen)	PC, CD nach Prof. Köhler
Wahlweise können Sie auch ein Wahrnehmungsspiel spielen, das sich um das Hören dreht.	z.B. Hör Genau oder Detektiv horch
4. Belohnungsphase: Punkte vergeben und das Kind loben: „Das hast du super gemacht!“	Belohnungsblatt (Umschlag) Klebepunkte
5. Freiwilliges Üben während der Woche: Zusätzliches Übungsblatt	Übungsblätt 2, S. 120 Zusatzpunkt
6. Erholungsphase: Wahlweise ein Gedächtnis- oder Konzentrationsspiel	z.B. Logofix, Nintendo-Gehirnjogging

Anmerkungen zur Trainingsstunde:

MATERIALIEN FÜR DIE DREIZEHNTE TRAININGSSTUNDE

Fantasiesreise mit der Seilbahn/Gondel über dem Regenwald

„Lege oder setze dich gemütlich in deinen Entspannungssessel und versuche, deine Augen zu schließen. Wenn du deine Augen nicht geschlossen halten kannst, dann fixiere einen Punkt an der Zimmerdecke oder am Boden und lasse dich nicht ablenken. Mache es dir noch ein wenig gemütlicher. (Lausche der Musik.)

Heute steigst du wieder in dein Flugzeug ein. Es bringt dich weit weg in den Osten von Australien – nach Kuranda. Du schließt die Tür des Flugzeugs, setzt dich in einen bequemen Sessel und schnallst dich an. Du fühlst dich sicher und geborgen. Deine äußeren Augen schließen sich langsam und du öffnest deine inneren Augen. Ich zähle jetzt gleich von 10 bis 1 zurück und du fühlst dich immer gelöster und entspannter. Du fühlst dich sicher und ruhig.

Zehn: Du hast deine äußeren Augen geschlossen.
Neun: Du entspannst dich.
Acht: Du vergisst alles um dich herum.
Sieben: Du atmest ruhig und regelmäßig.
Sechs: Du fühlst dich sicher und ganz ruhig.
Fünf: Du merkst: Meine Arme sind ganz ruhig.

Vier: Auch bei deinen Beinen stellst du fest:
Meine Beine sind ganz ruhig.

Drei: Du fühlst dich sicher und ruhig.

Zwei: Du kannst sehr gut abschalten.
Nichts stört dich mehr.

Eins: Du bist jetzt startklar für deine Traumreise mit dem Flugzeug.

Stelle dir vor, dass du mit deinem Flugzeug eine Traumreise nach Australien machst.

Du liegst bzw. sitzt in deinem Flugzeug und schwebst durch die Wolken. Dabei fühlst du dich sicher und ruhig. Und während du durch die Luft schwebst, merkst du, dass dein Körper auf eine angenehme Art und Weise ganz schwer und entspannt wird. Du merkst es zuerst bei deinen Armen.

Du merkst:

Mein rechter Arm ist ganz schwer.
Mein rechter Arm ist ganz schwer.

Auch bei deinem linken Arm stellst du fest:
Mein linker Arm ist ganz schwer.
Mein linker Arm ist ganz schwer.

Du schwebst ruhig und sicher durch die Wolken und denkst: Meine Arme sind ganz schwer.

Nach einiger Zeit kannst du unter deinem Flugzeug zuerst den Ozean, das große Meer, sehen. Du erblickst Schiffe und Boote, die so klein wie Spielzeugschiffe sind. Jetzt kannst du schon den großen roten Kontinent Australien erkennen. Du

erblickst flaches Land, Flüsse, Häuser und Straßen. Langsam landet dein Flugzeug in Cairns, im Osten von Australien. Du kletterst aus deinem Flieger und dein Tagesbegleiter begrüßt dich schon freundlich und gut gelaunt. Gemeinsam fahrt ihr heute mit der Gebirgseisenbahn nach Kuranda; von dort geht es mit der Gondel über den Regenwald zurück nach Cairns. Du freust dich schon sehr darauf. Auf dem Weg zur Eisenbahn merkst du, dass dir langsam warm wird. Du merkst es zuerst bei deinen Armen.

Du merkst:

Mein rechter Arm ist ganz warm.
Mein rechter Arm ist ganz warm.

Auch bei deinem linken Arm stellst du fest:

Mein linker Arm ist ganz warm.
Mein linker Arm ist ganz warm.

Zum Schluss merkst du, dass deine beiden Arme ganz warm geworden sind. Du merkst und denkst: Meine beiden Arme sind ganz warm.

Du besteigst die Eisenbahn, die aussieht wie aus dem vorigen Jahrhundert. Es gibt Holzsitze, eine „Wildwestlokomotive", die vor Tunnels und

Straßenübergängen laut pfeift, und Bildschirme im Waggon; sie zeigen den Fahrgästen die Geschichte des Bahnbaues. Jetzt kommt ihr bei einem Wasserfall vorbei, der neben den Geleisen von oben kommend in die Tiefe stürzt. Weiter geht es durch lange und kurze Tunnels, über einen großen Graben und eine Bogenbrücke zu einem Zwischenstopp. Hier bekommt der Zug eine zweite Lok. Die beiden Dampflokomotiven müssen mit Wasser befüllt werden. Du blickst ins Tal, welches tief unter dir liegt. In der Ferne glitzern die Gondeln der Seilbahn. Der Schaffner pfeift und weiter geht es bis zur Endstation Kuranda. Du verabschiedest dich vom alten Zug, machst noch ein Foto und spazierst durch das bunte Treiben von Kuranda zur Seilbahn. Diese bringt dich und deinen Begleiter zurück nach Cairns. Es ist schön, so lautlos über den Regenwald zu schweben. Dein Begleiter zeigt dir die mächtigen Baumfarne auf den Urwaldriesen. In der Ferne kannst du bereits den pazifischen Ozean erkennen."

[Rücknahme:]

„Du steigst aus der Gondel und dein Begleiter bringt dich zu deinem Flugzeug zurück. Ein letztes „Good Bye!" und „Dankeschön!" und du kletterst in deinen Flieger. Du schnallst dich an, das Flugzeug startet und bringt dich wieder ins Hier und Jetzt. Du machst es dir in deinem Sessel bequem und du denkst: Ich bin ganz ruhig und meine Arme sind ganz schwer und warm.

Es war schön in Kuranda und es ist schön, so durch die Wolken zu schweben, und wenn ich jetzt gleich von 10 bis 0 zähle, kehrst du langsam hierher zurück.

Zehn: Du kehrst ins Hier und Jetzt zurück.
Neun: Du fühlst dich ruhig und zufrieden.
Acht: Du wirst langsam wach.
Sieben: Du spürst die angenehme Ruhe, Schwere und Wärme.
Sechs: Es macht dir Freude, mit deinem Flugzeug durch die Welt zu fliegen.
Fünf: Du atmest ruhig und regelmäßig.
Vier: Du kannst dich entspannen.
Drei: Bewege deine Finger und strecke deine Arme in die Höhe und nach vorne.
Zwei: Atme tief ein und aus und wiederhole es noch einmal.
Eins: Schließe langsam deine inneren Augen und öffne deine äußeren Augen, wenn du sie geschlossen gehalten hast.
Null: Du bist wieder da und fühlst dich entspannt und zufrieden."

Fragen zur Fantasiereise:

- Wohin hat dich die Reise diesmal geführt?
- Wie hat dir die Reise gefallen?
- Was hast du dir von der Reise gemerkt?
- Konntest du die Schwere, Wärme und Ruhe spüren und wenn ja, wo im Körper?
- Wie fühlst du dich jetzt?

Anleitung zur „Blitzentspannung“

„Nicht immer wirst du genug Zeit für eine lange Entspannungsübung zur Verfügung haben. Oft hast du nur einige Minuten Zeit, dich zu entspannen, z.B. in der Schulpause. Für diese kleinen Pausen ist die „Blitzentspannung“ genau das Richtige. Du kannst sie nahezu überall durchführen: im Auto, in der Schule, zu Hause, vor oder nach den Hausaufgaben. Voraussetzung ist jedoch die Beherrschung der Langform der Muskelentspannung (siehe S. 28).

Für die „Blitzentspannung“ gehe folgendermaßen vor:

- Suche dir eine Zeit aus, in der du einige Minuten ungestört bist.
- Schalte dein Handy ab!
- Verschränke die Hände hinter dem Kopf und drücke deine Ellbogen so weit es geht nach hinten.
- Presse die Zähne und die Lippen fest aufeinander.
- Strecke deine Beine nach vorne und drücke die Fußspitzen nach unten. Spanne dabei alle Muskeln an.
- Atme ein, halte die Luft an, straffe und presse dabei deine Bauchmuskeln.
- Bleibe in diesem Zustand und zähle in Gedanken langsam bis fünf.
- Lasse die Atemluft langsam durch den Mund ausströmen. Lasse dabei die Arme, die Schultern, die Beine fallen.
- Lockere den ganzen Körper.
- Bleibe einige Minuten in diesem angenehmen Zustand völliger Entspannung.
- Vor dem Aufstehen sage zu dir – wenn möglich laut oder in Gedanken – folgende Formel: **„Vier, drei, zwei, eins: Ich fühle mich wohl und erfrischt, hellwach und ruhig.“**

Bitte wiederhole diese Übung zu Hause, in der Schule etc. mindestens einmal am Tag, bis du sie ganz beherrschst.“

ÜBUNGSBLATT 1: »INFORMATIONSSPEICHERUNG«

Merke dir folgende Wörter, die ich dir ansage:

Tasche, Haus, Blume, Wein

Dann versuche, folgende Rechnungen zu lösen.
*(Wählen Sie je nach Alter vier geeignete Rechnungen.
Rechnungen **nicht** im Buch lösen!)*

5 + 4	9 − 3	7 x 5	81 : 9
2 + 6	7 − 2	81 − 14	4 x 8
3 + 8	3 x 4	23 + 8	112 − 35

Jetzt sage mir die zu merkenden Wörter – die Reihenfolge ist nicht von Bedeutung.

Merke dir folgende sinnlose Wörter:

lip, zuk, wir, san, lep, usf

Dann versuche einige Turnübungen: mit geschlossenen Beinen links und rechts springen, Kniebeugen, Liegestütze etc.
Jetzt sage mir die zu merkenden sinnlosen Wörter. Die Reihenfolge ist nicht von Bedeutung.

ÜBUNGSBLATT 2: »INFORMATIONSSPEICHERUNG«

Wörter merken

Ich spreche dir zwei (dann drei, vier oder fünf) Wörter vor und du versuchst dir diese Wörter zu merken, z.B.:

Milch, Haus, Rock, Blume, Bild

Ich spreche dir jetzt weitere Wörter vor und wenn du die gemerkten Wörter hörst, dann mach ein Zeichen, z.B. klopfe mit der Hand auf den Tisch.

Käfer, Haus, Fahrrad, Kuchen, Milch, Bleistift, Telefon, Bild, Katze, Rock, Käse, Tasse, Blume

Wortschlange oder „Stille Post"

Ich flüstere dir ein Wort ins Ohr.
Du wiederholst es und flüsterst es mir zusammen mit einem neuen Wort ins Ohr.
Ich wiederhole die Wörter und flüstere sie dir zusammen mit einem neuen Wort ins Ohr usw.

Vierzehnte Trainingsstunde

Worum geht es?

Gesamtwiederholung

- Auf einem großen Papier soll das Kind alles aufschreiben und aufzeichnen, was es sich vom Training gemerkt hat.
- Feierliche Überreichung einer Urkunde verbunden mit Lob.

Was brauchen wir?

- Großes Papier oder großer Packpapierbogen
- Filzstifte
- Das Belohnungsblatt (siehe S. 12 sowie Umschlag) und Klebepunkte
- Urkunde
- Belohnung
- 1 Spiel nach Wahl (Lieblingsspiel)

Ablauf der vierzehnte Trainingsstunde	Was brauche ich?
1. Stimmungsthermometer: Stimmungslage und Befindlichkeit beim Kind klären: „Wie fühlst du Dich momentan?“ Einstellen der Stimmung von 0 - 10	Stimmungsthermometer und Büroklammer
2. Entspannungsphase: Durchführung einer angeleiteten Fantasiereise nach Wahl. Alternativ: Progressive Muskelentspannung (PME). Anschließend Fragen zur Entspannungsübung stellen.	Entspannungssessel, ev. CD und Player Lieblingsfantasiereise aus dem Buch PME-Anleitung je nach Variante
3. Wiederholungsphase Das Kind schreibt und zeichnet auf einem großen Papierbogen alles auf, was es sich gemerkt hat.	Papier, Stifte
4. Belohnungsphase: Punkte vergeben und das Kind loben: „Das hast du super gemacht!“ Dem Kind eine Belohnung aushändigen.	Belohnungsblatt (Umschlag) Klebepunkte Belohnung
5. Feierliches Ausfüllen der Urkunde: Füllen Sie die Urkunde aus und loben Sie das Kind noch einmal für seine Leistung, Mitarbeit und Zusammenarbeit.	Urkunde, S. 123
6. Erholungsphase: Auswahl eines Lieblingsspiels	Lieblingsspiel

Konzentrationstraining

URKUNDE

verliehen an

____

Er/Sie hat bei den Übungen und Spielen zur Konzentration alles super mitgemacht und ist zu einem Experten für Aufmerksamkeit geworden.

____

Ort, Datum

Unterschrift der Mutter/des Vaters

Literatur, Internetadressen, Spiele

Aufmerksamkeit und Konzentration

Dilling, H., Mombour, W., Schmidt, M.H. (1992). International Klassifikation psychischer Störungen (ICD-10). Bern-Göttingen-Toronto, Hans Huber.

Döpfner, M. (2000). Ratgeber hyperkinetischer Störungen. Informationen für Betroffene, Eltern, Lehrer und Erzieher. Ratgeber Kinder- und Jugendpsychotherapie, Band I. Göttingen, Hogrefe.

Döpfner, M. (2000). Ratgeber psychischer Auffälligkeiten bei Kindern und Jugendlichen. Informationen für Betroffene, Eltern, Lehrer und Erzieher. Göttingen, Hogrefe.

Döpfner, M. et al. (2000). Wackelpeter & Trotzkopf. Hilfen bei hyperkinetischem und oppositionellem Verhalten. Weinheim, Psychologie Verlags Union.

Endres, W. (2007). Besser konzentrieren: 44 Ausdauer-Tipps. 3.-6. Klasse. Beltz.

Ettrich, Ch. (2002). Konzentrationstrainingsprogramm für Kinder für die 3. und 4. Schulklasse. Vandenhoeck & Ruprecht.

Gemmer, B. (2005). Konzentration – fit in 30 Minuten. Gabal Verlag

Jacobs, C. & Petermann, F. (2005). Training für Kinder mit Aufmerksamkeitsstörungen, Hogrefe.

Kiefer, I., Skof, S., Schwarz, R. (2006). Fit im Kopf für Kinder und Jugendliche, Kneipp-Verlag.

Krowatschek, D. (1997). Marburger Konzentrationstraining. Dortmund, borgmann publishing.

Krowatschek, D. und G. (2003). Soziales Lernen mit ADS-Kindern, Band 2. Lichtenau, AOL.

Krotwatschek, D. und Hengst, U. (2005). Das ADS Trainingsbuch, Band 1. Lichtenau, AOL.

Krowatschek, D. (1996). Überaktive Kinder im Unterricht. Dortmund, borgmann publishing.

Krowatschek, D. (2004). ADS und ADHS. Diagnose und Training. Dortmund, borgmann pulishing.

Lauth, Linderkamp, Schneider, Brack (Hg.)(2008). Verhaltenstherapie mit Kindern und Jugendlichen. Beltz: PVU.

Lauth, G.W. & Schlottke, P.F. (1997). Training mit aufmerksamkeitsgestörten Kindern. Beltz: PUV.

Lauth, G., Schlottke, P. & Naumann, K. (1998). Rastlose Kinder, ratlose Eltern. Hilfen bei Überaktivität und Aufmerksamkeitsstörungen. Deutscher Taschenbuch Verlag.

Neuhaus, C. (1998). Das hyperaktive Kind und seine Probleme. Urania-Ravensburger Verlag.

Neuhaus, C. (2000). Hyperaktive Jugendliche und ihre Probleme. Urania-Ravensburger Verlag.

Skof, S. (1986). Aufmerksamkeit- und Konzentrationsleistung von Ganztagsschülern. UniWien, Dissertation.

Interessante Internetadressen

www.adapt.at - Verein für AD/HD Kinder in Österreich

www.adhs.de

www.ads-ev.de

www.leben-mit-adhs.de

www.ads-hyperaktivitaet.de

www.hypies.de/add/50tips.html

http://deposit.ddb.de/cgi-bin/dokserv?idn=983257329&dok_var=d1&dok-ext=pdf&filename=983257329.pdf

www.psychologie.uni-regensburg.de/Lst_Hammerl/Material/kob/LA-Sem_Sose07/Aufmerksamkeit_handout.pdf

www.psyworx.de/neuro/Klassifikation_Diagnostik_&_Therapie_von_Aufmerksamkeitsst1.doc

Entspannung

Biermann, G. (1996). Autogenes Training mit Kindern und Jugendlichen. München: Ernst Reinhardt.

Burow, F. et al. (1998). Fit und stark fürs Leben (1. und 2. Schuljahr). Klett Verlag.

Burow, F. et al. (2002). Fit und stark fürs Leben (5. und 6. Schuljahr). Klett Verlag.

Hampel, P. & Petermann, F. (2003). Anti-Stress-Training für Kinder. (2., überarb. U. erw. Aufl.).Weinheim: PUV.

Hampel, P., Petermann, F., Dickow, B. (2001). Stressverarbeitungsfragebogen von Janke und Erdmann angepasst für Kinder und Jugendliche (SVF-KJ). Göttingen-Bern-Toronto-Seattle, Hogrefe.

Klein-Heßling, J. & Lohaus, A. (2000). Stresspräventionstraining für Kinder im Grundschulalter (2., überarb. Aufl.). Göttingen: Hogrefe.

Krowatschek, D. (1998). Entspannung für Jugendliche. Borgmann.

Krowatschek, D. (1997). Entspannung in der Schule. Borgmann.

Lohaus, A., Jerusalem, M. & Klein-Heßling, J. (2006). Gesundheitsförderung im Kindes- und Jugendalter. Göttingen: Hogrefe.

Maschwitz, G. /H. (1996). Aus der Mitte malen – heilsame Mandalas. Kösel.

Müller, E. & Meister, A.(2007). Träumen auf der Mondschaukel: Autogenes Training mit Märchen und Gute-Nacht-Geschichten. Kösel Verlag.

Müller, E. (1998). Die kleine Wolke. Kösel Verlag.

Müller, E. (2006). Auf der Silberlichtstraße des Mondes: Autogenes Training mit Märchen zum Entspannen und Träumen. Fischer Verlag.

Petermann, F. & Vaitl, D. (Hg.)(1994). Handbuch der Entspannungsverfahren. Weinheim: PUV.

Petermann, U. (2005). Entspannungstechniken für Kinder und Jugendliche. Weinheim: Beltz.

Schlottke, P./Wahl (1983). Stress und Entspannung im Unterricht. Huber Verlag.

Teml, H. (2001). Entspannt lernen. Veritas Verlag.

Teml, H. und H. (1998). Komm mit zum Regenbogen. Cornelsen Lernhilfen.

Vopel, H. (1991). Kinder ohne Stress. Teil 1: Bewegung im Schneckentempo. Teil 2: Im Wunderland der Fantasie. Teil 3: Reise mit dem Atem. Teil 4: Zauberhände. Teil 5: Ausflüge im Lotussitz. Iskopress.

Interessante Internetadressen

http://schulpsychologie.lsr-noe.gv.at/ (siehe Infothek)

www.schulebewegt.ch

www.journalmed.de

Gedächtnis

Adam (2006). Gehirnakrobatik. Neue Rätsel und Logeleien für Schlaumeier. Mvg Verlag.

Baller, G. (2003). Kognitives Training. Hippocampus Verlag KG.

Berchem, F. (1992). Gehirn-Jogging. Mosaik bei Goldmann.

Binder, P. (2007). Kopftraining. Kneipp-Verlag.

Stengel, S., Ladner-Merz, F. (2004). Denk Dich Fit! Memo Verlag.

Wahrnehmung

Köhler, P. (2003). Kurzzeitgedächtnis oder Sieben Sachen. Programm zum Überprüfen und Trainieren von Kurzzeitgedächtnis und Konzentration. Prof. Köhler Software.

Köhler, P. (2000). Gleich oder ungleich? Programm zum Überprüfen und Trainieren der visuellen Grundlagen der Mathematik. Prof. Köhler Software.

Köhler, P. (1999). Ordnungsschwelle oder Hase und Igel. Programm zum Überprüfen und Trainieren der Ordnungsschwelle. Prof. Köhler Software.

Köhler, P.(2001). Die Geokiste. Geometrie und Raumvorstellung. Prof. Köhler Software.

Interessante Internetadressen

www.koehler-software.de

www.basale-stimulation.de/seiten/CL02.doc

Teilleistungsschwächen

Sindelar, B. (1996). Leitfaden zur Behandlung von Teilleistungsschwächen. Eigenverlag.

Sindelar, B. (1994). Teilleistungsschwächen. Eigenverlag.

Interessante Internetadressen

www.sindelar.at

www.austriapress.at

Weitere wichtige Adressen

Ansprechpartner der Schulpsychologie-Bildungsberatung in Österreich

Burgenland: 7000 Eisenstadt, Kernausteig 3, 02682/710-131, www.lsr-bgld.gv.at

Kärnten: 9020 Klagenfurt, Kaufmanngasse 8, 0463/56 6 59, www.lsr-ktn.gv.at

Niederösterreich: 3109 St. Pölten, Rennbahnstraße 29, 02742/280-4700, www.lsr-noe.gv.at

Oberösterreich: 4040 Linz, Sonnensteinstraße 20, 0732/7071-2311, www.lsr-ooe.gv.at

Salzburg: 5020 Salzburg, Aignerstraße 8, 0662/8083-4221, www.landesschulrat.salzburg.at

Steiermark: 8011 Graz, Körblergasse 23, 0316/345-199, www.lsr-stmk.gv.at

Tirol: 6020 Innbruck, Müllerstraße 7, 0512/57 65 61, www.lsr-t.gv.at

Vorarlberg: 6900 Bregenz, Bahnhofstraße 10, 05574/4960-210, www.lsr-vbg.gv.at

Wien: 1010 Wien, Wipplingerstraße 28, 01/525 25-77505, www.wien.gv.at/bildung/stadtschulrat

Zentrale Fragen: Abteilung Schulpsychologie-Bildungsberatung im BMUKK, 1014 Wien, Freyung 1, 01/53 120-2580 bis 2584, www.schulpsychologie.at

Deutschland: www.schulpsychologie.de

Schweiz: www.schulpsychologie.ch

Konzentrationsspiele

Bruhns, E. (ab 6 Jahre): Vario. Piatnik.

Differix (4-8 Jahre) von Ravensburger

Frühwirth, I.: Simile Serie (ab dem 6. Lebensjahr). Jugend & Volk.

Handford, W. (2000). Wo ist Walter? (Walter-Serie, z.B. bei Sauerländer und Patmos)

Handford, W.: Walter in Hollywood. (Walter-Serie, z.B. bei Sauerländer und Patmos)

Handford, W.: Walters wilde Abenteuer. (Walter-Serie, z.B. bei Sauerländer und Patmos)

Juna/Poledna/Schwarzmann (1988). Konzentration kinderleicht für 1. – 4. VS. Jugend & Volk. (vergriffen)

Juna/Poledna/Schwarzmann
Konzentration kinderleicht
für 5./6. Schulstufe
Jugend & Volk, 1986

Lauster, U. (2006). Konzentrationsspiele für die 1. und 2. Klasse. Lentz Verlag.

Lauster, U. (2002). Konzentrationsspiele für die 3. Klasse: Spielerisch, einfach, erfolgreich. Lentz Verlag.

LÜK mini (2002). Konzentrationstraining 1: Stärkung von Ausdauer, Konzentration und Gedächtnisleistung. Heiner Müller Taschenbuch.

LÜK (1987). Konzentrationstraining: Übungen zur Verbesserung der Merkfähigkeit ab Klasse 1: Heft 1. Heiner Müller Taschenbuch.

LÜK (1987). Konzentrationstraining: Übungen zur Verbesserung der Merkfähigkeit ab Klasse 2: Heft 2. Heiner Müller Taschenbuch.

Schau Genau (ab 4 Jahre). Ravensburger.

Shafir, Haim. Halli Galli. Amigo Spiel.

Shafir, Haim. Halli Galli Junior. Amigo Spiel.

Total Melt Down

Uno (5 – 99). Kartenspiel. Mattel.

Gedächtnisspiele (Taktik, Logik, Denken)

Classic Memory (4 – 99). Ravensburger.

Der zerstreute Pharao (7 – 99 Jahre). Ravensburger.

Gehirnjogging nach Dr. Kawashima. Nintendo.

Gehirntraining. Nintendo.

Koffer packen (5 – 10 Jahre). Ravensburger.

Rush Hour Junior. Binary Arts.

Schach

Smellory (ab 7 Jahre). Joker production.

Geschicklichkeitsspiele

Packesel (ab 5 Jahre). Schmidt.

Plitsch-Platsch Pinguin (5 -99). Ravensburger.

Stappelmännchen. Ravensburger.

Tricky Golf (5+). Tomy.

Spiele zur Sprach- und Wahrnehmungsförderung

LingoCards. LingoPlay.

Strategiespiele

Junior Labyrinth (5 – 8 Jahre). Ravensburger.

Kramer, W. (1986). Heimlich & Co. Amigo Spiel.

Parker – Mastermind (ab 8 Jahren). Hasbro.

Vier gewinnt. MB.

Wahrnehmungsspiele

Bruhns, E. (ab 6 Jahre). Hör genau. Piatnik.

Bruhns, E. (ab 6 Jahre). Detektiv horch. Piatnik.

Bruhns, E. (ab 4 Jahre). Such dir 2. Piatnik.

Creativ Steckspiel mit Steckplatten. The Toy Company.

Fühlmatz (Tastmemory für die taktile Wahrnehmungsförderung)

Haberkorn: Steckspiel im Koffer

Kodys, G. (2004). Digit (ab 8 Jahre). Piatnik.

Lego

Logofix (ab 6 Jahre). Ravensburger.

Mosaicolor (ab 3 Jahre). Steckmosaik. Connitoy.

Rasselmatz (Geräuschememory)

Reichling, U. & Wolters, D. Hallo, wie geht es Dir? Verlag an der Ruhr.

Rudolph, A. et al. (1999). Kleiner Rabe, Lass nichts fallen, Kleiner Rabe. Kosmos.

Heidi Schär, Gittertiere 1
Übungen zur Raumorientierung im Raster
Schubi Lernmedien, 2005
www.schubi.ch
www.schubi.de
www.schubi.at

Schär, H. (2005). Gittertiere 2. Schubi Lernmedien.

Sprich genau – Hör genau (4 – 7 Jahre). Ravensburger.

Zauberzeichner: Magic Screen

Interessante Internetadressen

www.akzente-verlag.de

www.derKnetmatz.de

www.agbshop.at